육조 스님
금강경

금강경오가해설의
金 剛 經 五 家 解 設 誼

육조 스님
금강경

원순 옮김

도서
출판 법공양

부처님 말씀과 법이란

부처님의 말씀과 바른 법을 드러내는
책들은 우리로 하여금 재앙을 없애고 행복이 넘치는
좋은 길로 가도록 해 줍니다.

과거 현재 미래의 피할 수 없는 인과를 밝히고 중생이
본디 갖추고 있는 부처님의 성품을
잘 깨닫게 해 주며 괴로움이 가득 찬 생사를 벗어나 기쁨이
그득한 열반의 세계에 이르게 합니다.

그러니 이 책을 읽는 이들은 모름지기 부처님의
은혜에 감사하는 마음을 내어야 합니다.

이 법을 만나기 어렵다는 생각을 하여 깨끗한 손으로
『육조 스님 금강경』을 펼쳐 정성과 공경의
마음을 담아 부처님을 대하듯이 하면 헤아릴 수 없이 많은 이익과
기쁨을 몸소 얻을 것입니다.

『금강경오가해설의』를 저자별로 엮으며

들어가는 말

1980년 해인사 성철 큰스님께서 조계종 종정으로 취임하면서 내린 법어 가운데 "산은 산이요 물은 물이로다."라는 유명한 구절은 지금까지도 세상 사람들의 귀에 익숙한 말입니다. 그러나 그 구절이 조계종 진통강원에서 수백 년 동안 배우고 있는『금강경오가해설의金剛經五家解說誼』에도 나와 있음을 알고 있는 사람은 그렇게 많지 않습니다.『금강경』5장에서 "존재하는 '온갖 모습'은 다 허망한 것이니 '온갖 모습'에서 '허망한 모습이 아닌 참모습'을 보면 곧 여래를 보느니라.[凡所有相 皆是虛妄 若見諸相非相 則見如來]"라고 하는 대목에서, 야부 스님은 "산은 산이요 물은 물이로다. 부처님은 어느 곳에 계시는가?[山是山 水是水 佛在何處]"라고 물으면서 이 단락의 뜻을 풀이하였습니다.

산은 산이요 물은 물이로다. 부처님은 어느 곳에 계시는가?
山是山 水是水 佛在何處

어떤 모습 있다 하여 찾는다면 모두 거짓

형상 없어 안 본다면 이것 또한 삿된 소견

당당해도 깊은 고요 어찌 틈이 있을 건가

한 줄기로 뻗는 섬광 온 허공이 환해지네.

有相有求俱是妄 無形無見墮偏枯 堂堂密密何曾間 一道寒光爍太虛

금강경

『금강경』은 조계종에서 중요하게 여기는 경전으로 한국불교에서 가장 많이 읽히는 경전인데 대승불교의 교리 및 기본 사상을 가장 함축적으로 표현하고 있습니다. 부처님과 수보리의 문답으로 이어지는 문장은 짧고 간결하면서 반복되는 측면도 많습니다. 그만큼 집중적이고 매력적이면서 오묘한 뜻을 담아내고 있지만, 보는 각도에 따라 다양한 해석이 가능하여 자신의 근기에 맞추어 얼마만큼 제대로 이해하느냐가 중요한 관건이 됩니다.

이 경전이 중국에서 번역된 뒤로 나름대로 그 뜻을 정확하게 이해하기 위하여 선종과 교종에서 출가자와 재가자의 구분을 떠나 수많은 선지식들이 '금강경 뜻풀이'를 하였고, 그 결과 오늘날 수많은 '금강경 뜻풀이 책'들이 있습니다. 육조혜능(638-713) 스님도 그 당시에 알려진 뜻풀이 책들이 800여종이 넘는다 하였으니, 그 뒤로 지금 오늘날까지도 수많은 사람들에 의해 끊임없이 금강경 뜻풀이 책들이 나오고 있어 그 수를 헤아릴 수 없을 정도입니다. 역자 또한 2009년

『조계종 표준 금강경』이라는 이름으로 발간된 책을 보고, 과연 표준이 되는 금강경이라면 모든 사람들이 쉽게 그 뜻을 이해하며 읽을 수 있는 '우리말 금강경'이 되어야 한다는 생각에서 2010년 5월『우리말 금강반야바라밀경』을 엮어낸 것도 넓은 의미에서 '금강경 뜻풀이 책'이라고 생각하고 있습니다.

오가해설의五家解說宜

이 많은 '금강경 뜻풀이 책' 가운데 역사적으로 검증된 중국의 큰스님 규봉종밀(780-841), 육조혜능(638-713), 부대사(497-569), 야부도천, 예장종경의 다섯 분 해설을 묶어 놓은 것이 바로『금강경오가해』입니다. 저마다 개성이 다른 다섯 분의 주석을 누가 언제 무슨 의도로 골라 편집했는지는 알 수 없습니다.

1417년 조선시대 무학 대사의 상수제자 함허득통 스님이 자신의 견해로 금강경 뜻풀이를 해나가면서 큰스님 다섯 분의 해설에 당신의 견해를 덧붙여 놓은 것이『금강경오가해설의』입니다. 따라서 '오가해'는 '중국 큰스님 다섯 분의 금강경풀이'라는 뜻이고 '설의說誼'는 '이 다섯 분의 금강경 풀이를 더 자세하게 설명해 가면서 덧붙여 금강경 경문 풀이도 해 놓은 것'입니다. 따라서 '금강경오가해설의'는 여섯 분의 '금강경 뜻풀이'가 들어 있는 책입니다.

여섯 분의 '금강경 뜻풀이'는 규봉의 '찬요纂要' 육조의 '해의解義' 부대사의 '찬讚' 야부의 '송頌' 종경의 '제강提綱' 순으로 되어 있고, 함허 득통 스님은 금강경의 원문과 그리고 야부의 송과 종경의 제강에 주로 설의를 붙였습니다. 육조와 부대사에 대해서는 육조 스님의 서문과 부대사의 마지막 게송에만 설의를 붙였습니다. 함허득통 스님의 설의는 다섯 분의 뜻풀이를 충실하게 따라가며 더 자세한 해설을 덧붙여 전체 뜻을 드러내고자 하였습니다.

왜 저자별로 엮으려고 하는가

여섯 분의 해설서인 '금강경오가해설의'가 대대로 내려오며 많은 이들에게 '금강경 지침서'가 되었는데 굳이 이 책을 여섯 선사 각각의 해설서로 나누어 엮으려는 것은 '금강경오가해설의'를 번역하면서 이 책의 독특한 구성이 경을 처음 보는 사람들에게는 오히려 내용을 이해하기 힘들게 하겠다는 생각이 들었기 때문입니다.

'금강경오가해설의'의 구성을 살펴보면 먼저 '금강경 원문'이 나오고 규봉, 육조, 부대사, 야부, 종경의 글들이 이어지며, 이 내용들에 함허스님의 설의가 곁들여지고 있습니다. 규봉의 찬요纂要는 '금강경의 중요한 뜻을 모아 풀이해 놓았다'는 것이고, 육조의 해의解義는 '금강경의 이치를 풀어놓았다'는 뜻이며, 부대사 찬讚은 '금강경의 뜻을 찬탄한다'는 것이고, 야부의 송頌은 '금강경의 뜻을 간결하게 게송으로 풀었다'는 것이며, 종경의 제강提綱은 '게송으로 금강경의 골격을 잡아가며 골수를 잡아내었다'는 말이고, 함허의 '설의說誼'는

'금강경오가해를 이해할 수 있는 올바른 이치를 설했다'는 것이니 이들 모두는 총체적으로 '금강경의 뜻풀이'라 할 수 있습니다.

그런데 찬요, 해의, 찬, 송, 제강, 설의 등 이 글들의 관점이 갖고 있는 힘과 성격이 확연히 달라 마치 금강경의 한 장면을 여섯 분이 저마다 자신의 개성을 드러내 여섯 장르의 특색 있는 문학작품으로 표현해 낸 것과 같습니다. 여러 사람의 글이 자신의 고유한 색깔을 지니고 한 곳에 모여 있으니 처음 경을 보는 사람들은 여러 선사들의 의도와 뜻을 헤아려 보기에도 벅차, 원문에서 말하고자 한 것이 무엇인지 그 근본을 놓치고 곁가지에 집착하여 붙들고 있는 격이 되기 쉽습니다.

게다가 '금강경오가해설의'를 읽다보면 원문에 대한 선사들의 해석이 서로 다른 부분들도 많아 자칫 그 뜻을 이해하기 힘든 독자는 혼란을 일으킬 수도 있습니다. 또한 한 원문에 여섯 선사의 글을 배치하다 보니 어느 분의 글은 그 원문과 바로 맞추어 볼 수 없는 곳에 놓이기도 합니다. 그러므로 이 여섯 분의 금강경 뜻풀이를 저마다 각각의 '금강경 해설서'로 독립시켜 책으로 내는 것이 금강경을 공부하고자 하는 독자를 위해 하나의 고유한 색깔을 지닌 읽기 편한 금강경해설서가 될 것으로 생각되었습니다.

금강경을 공부하는 사람들 가운데는 '금강경'을 오가五家의 해설로 읽고자 하는 이들도 있을 것이고 '금강경오가해'를 보고 특히 어느 한 분의 해설이 좋아 그 분의 해설만 읽고자 하는 이들도 분명 있을 것입니다. 그러므로 '금강경오가해설의'를 이렇게 여섯 권으로 나누

어 출간하는 것은 이미 번역본으로 나와 있는 '금강경오가해설의'와
더불어 공부하는 사람들의 다양한 관심을 배려한 것입니다. 부처님
께서 중생의 인연에 맞게 팔만사천법문을 설하셨다 하시니 '금강경
오가해설의'와 인연 있는 이들을 위하여 이것을 여섯 권으로 나누어
출간하는 역자의 의도 또한 부처님 뜻에 수순하는 것이라고 생각됩
니다.

'여래'란
오는 것도 아니요 오지 않는 것도 아니며,
가는 것도 아니요 가지 않는 것도 아니며,
앉는 것도 아니요 앉지 않는 것도 아니며,
눕는 것도 아니요 눕지 않는 것도 아니니,
如來者 非來非不來 非去非不去 非坐非不坐 非臥非不臥

오가며 앉고 눕는 모든 삶 속에서
늘 '고요하고 행복한 마음자리'에 있는 것이 곧 '여래'니라.
行住坐臥四威儀中 常在空寂 卽是如來也

육조 스님의 말씀으로 이 글을 마무리하니, 『육조 스님 금강경』을 통
해 이 경의 도리를 깨달은 사람은 분명히 늘 '고요하고 행복한 마음자
리'에 있게 될 것입니다.

2010년 11월 6일
조계총림 송광사 인월행자 두손모음

『금강경오가해설의』 저자소개

함허득통(1376-1433)

함허득통은 조선 초기의 스님이다. 함허涵虛는 당호이고 득통得通은 법호이다. 1396년 21세 때 세상살이의 무상함을 느껴 관악산 의상암 義湘庵으로 출가하고 이듬해 회암사檜巖寺로 가서 무학왕사無學王師 에게 가르침을 받았다. 이후 여러 곳을 다니며 정진하다가 다시 회암 사로 돌아와 홀로 수행에 전념해 깨달음을 얻고 무학대사의 법을 이 었다. 1406년 문경 대승사에서 반야경을 세 차례 강의 하였다. 1414 년 황해도 자모산慈母山 연봉사烟峰寺에서 작은 거처를 마련하여 함 허당涵虛堂이라 이름하고, '금강경오가해'를 강의하면서 풀이하였 는데, 이것이 뒷날 '설의'라 하여 '금강경오가해'에 합쳐져 『금강경오 가해설의』라는 제목을 가진 책이 되었다. 조선시대 억불정책으로 어 려움이 많았던 불교계와 왕실 양쪽에서 신임을 받아 강의와 저술 활 동을 활발하게 하였다. 1431년 희양산曦陽山에 들어가 봉암사鳳巖寺 를 중수重修하고 그곳에서 입적하였다. 저서에『원각경소圓覺經疏』 『금강경오가해설의金剛經五家解說誼』『현정론顯正論』『반야참문般 若懺文』『금강경윤관金剛經綸貫』『선종영가집설의禪宗永嘉集說誼』 등이 있다.

규봉종밀(780-841)

중국 화엄종 제5조로서 당나라 스님인데 성은 하씨이고 휘는 종밀,
호가 규봉圭峰이며 시호는 정혜定慧이다. 807년 과거시험을 보러가
다가 도원道圓 스님의 법문을 듣고 출가하였다. 스님은 일찍이 선종
사람들이 자신만이 옳다고 주장하며 서로 다투는 것을 보고 『선원제
전집禪源諸詮集』 100권을 저술하여 선종과 교종이 근본에 있어서는
하나의 이치로 통하고 있다는 것을 정리하여 선교일치禪敎一致를 주
장하였다. 지금은 없어진 『선원제전집』의 서문 격인 『선원제전집도
서』는 후학들에게 선과 교에 대한 안목을 열어 주는데 있어 대단한
도움을 주는 책이다. 『화엄경윤관華嚴經綸貫』 15권, 『원각경대소석
의초圓覺經大疏釋義抄』 13권, 『금강반야경소론찬요金剛般若經疏論
纂要』 2권, 『기신론소주起信論疏注』 4권 등 많은 저술을 남겼다.

육조혜능(638-713)

중국 선종의 6대조이다. 속성은 노盧씨로 당나라 태종 정관 12년에
지금의 광동성 조경부 신흥에서 태어났다. 세 살 때 아버지를 여의고
집이 가난해 제대로 배우지 못했으나 스물네 살 때 혜능은 장터에서
어떤 스님이 『금강경』 읽는 소리를 듣고 발심해 오조 스님에게 인가
를 받고자 찾아가니 스님은 혜능의 공부를 첫눈에 알아보았다. 이 인
연으로 혜능 스님은 오조 스님에게 가사와 법을 받고 선종 6대 조사
의 지위를 잇게 되었지만 그를 시기하는 사람들을 피하여 남쪽으로

내려가야 했다. 그쪽에서 열여섯 해를 은둔하던 중 의봉원년儀鳳元年 676년 법성사에서 인종 법사를 만나 삭발하고 비로소 구족계를 받았다. 다음 해부터 소양韶陽 조계曹溪 보림사寶林寺에서, 바로 사람의 마음을 가리켜 참성품을 보면 단숨에 깨달아 부처님이 된다는 '직지인심直指人心 견성성불見性成佛'이라는 '돈오법문頓悟法門'을 크게 일으키니, 북쪽 지방에서 신수 스님이 '점차 닦아나가면서 점차 깨달아야 한다'는 '점수점오漸修漸悟'의 법문을 하고 있던 것과 대조를 이루게 되어 이 시대를 역사적으로 '남돈북점南頓北漸' 또는 '남능북수南能北秀'라고 하였다.

저서로는 『육조단경六祖壇經』과 『금강경구결金剛經口訣』이 남아있다. 당나라 현종 개원開元 1년 712년 8월 국은사國恩寺에서 76세로 입적했다. 육조 스님은 육신이 썩지 않고 그대로 남아 지금까지 보존되어 있는 육신보살이다. 그의 법을 이은 제자들이 40여 명이나 되었다. 그 가운데 하택신회荷澤神會, 남양혜충南陽慧忠, 영가현각永嘉玄覺, 청원행사靑原行思, 남악회양南嶽懷讓 등이 유명하였다. 그 밑으로 훌륭한 스님들이 많이 나와 중국의 선종이 번창하여 임제종 조동종과 같은 오가칠종五家七宗이 형성되었다.

부대사(497-569)

남조南朝 동양東陽 오상현烏傷縣 사람이니 성은 부傅이고 이름은 흡翕이며 자字가 현풍玄風이다. 사람들이 성을 따라 부대사傅大士 또는 지명을 따라 동양대사東陽大士나 오상대사烏傷大士라고 불렀지만

15

그는 스스로 '당래해탈當來解脫 선혜대사善慧大士'라고 하였다. 어려서 마을 사람들과 어울려 물고기를 잡을 때 대나무 광주리에 잡은 물고기가 가득 차면 깊은 물속에 광주리를 담가놓고 "갈 놈은 가고 남을 놈은 남아라." 하니, 사람들이 그를 어리석은 아이라고 하였다. 열여섯 살에 결혼하여 보건普建 보성普成 두 아들을 낳고 기수沂水에서 고기를 잡고 살아가다가 스물네 살 때 인도 승려 숭두타嵩頭陀를 만나 불도에 뜻을 두게 되었다. 송산松山에서 낮에는 일하고 밤에 도를 닦아 고행을 시작한지 7년 만에 깨달음을 얻었으니 자못 신기한 일들이 많았다. 그리고 대사는 안에다 경전을 안치하고 밖에서 이것을 돌리는 '윤장輪藏'을 처음 만들어 많은 사람들이 이를 돌림으로 부처님의 가르침과 인연을 맺게 하였다. 이 인연으로 뒷날 세상 사람들이 윤장을 만들 때 부대사와 그의 아들 보건과 보성 세 사람의 형상을 안치하였다. 부대사의 저서에는 『선혜대사어록善慧大士語錄』 4권과 『심왕명心王銘』 등이 전한다.

야부도천

중국 송나라 때 임제종 스님이다. 강소성江蘇省 고소姑蘇 옥봉玉峰 사람으로서 속성이 적狄씨이다. 처음 동제겸東齋謙 스님에게서 공부하다 크게 깨치고 건염建炎(1127-1130) 초에 천봉天峰으로 가서 정인사淨因寺 반암蹒庵 계성繼成 문하에서 인가를 받고 그의 법을 이어 임제종 후손이 되었다. 뒷날 다시 동제東齋 스님한테 돌아가 법을 펼치니 출가한 스님들과 세상 사람들이 그의 법력을 흠모하였다. 『금강경』에 대한 세상 사람들의 질문에 스님이 게송으로 답하니, 이것이 유명한『천로금강경주川老金剛經註』이다. 안휘성安徽省 야부산冶父山 실제선원實際禪院 주지를 역임하였지만 그 분이 언제 태어나서 입적했는가는 확실하지 않다.

예장종경

자세히 알려진 기록이 없다. 명나라 가정嘉靖 30년(1551) 당련서堂連序에 의하면 종경 선사는 나한의 한 분으로 지혜와 자비가 넘치신 분이라고 하였다. 종경 선사는 양나라 소명태자가 서른두 가지로 나눈 단락에 의하여 금강경의 뜻을 풀이하였는데, 이 풀이에 제강提綱, 요지要旨, 장행長行, 결류結類, 송경頌經, 경세警世, 귀결정토歸結淨土라는 일곱 가지 제목을 붙였다. 이 중『금강경오가해』에 실린 것은 첫 번째 '제강提綱'의 내용이다.

『금강반야바라밀경』의 대의

『금강경』은 '시비 분별할 어떤 모습도 없는 무상無相'으로 '종宗'을
삼고, '온갖 모습이 사라져 머물러 집착할 것이 없는 무주無住'로 '체
體'를 삼으며, 그러면서도 '인연 따라 모습을 드러내는 묘유妙有'로
'용用'을 삼는 가르침입니다. 달마 스님이 서쪽에서 와 이 경의 뜻을
전하여 사람들이 그 이치를 깨달아 참성품을 보도록 하셨습니다.[1]

이는 다만 세상 사람들이 자신의 성품을 보지 못하므로 견성見性이
란 법을 세우는 것이지, 세상 사람들이 진여의 본체를 알고 볼 수 있

---

1. 이 단락에 대한 함허 스님 설의는 다음과 같다.

   般若靈源이 廓然無諸相하고 曠然無所住하야 空而無在하며 湛而無知라 今此一經이 以此로
   爲宗爲體하야 無知而無不知하야 無在而無不在하며 無住而無所不住하며 無相而不礙諸相
   이니 此所以妙有로 爲用也니라 諸佛所證이 蓋證此也시며 諸祖所傳이 蓋傳此也시며 其所以
   開示人者도 亦以此也니라.

   반야의 신령스런 근원은 툭 트여 있으면서도 어떤 모습도 없고 넓고 넓은 데도 머무
   를 곳이 없으며, 텅 비어 존재하는 것이 없고 맑고 맑아 알 것이 없습니다. 지금 이
   한 권의 경전이 이것으로 종宗을 삼고 체體를 삼아 알 것이 없으면서도[無知] 알지
   못할 것이 없고[無不知], 존재할 것이 없으면서도[無在] 존재하지 않은 것이 없으며
   [無不在], 머물 곳이 없으면서도[無住] 머물지 않은 곳이 없고[無所不住] 어떤 모습
   이 없으면서도[無相] 어떤 모습도 방해하지 않습니다[不礙諸相]. 이것이 묘유妙有
   로 용用을 삼는 까닭입니다. 모든 부처님께서 증득하신 것도 이것이고, 모든 조사
   스님께서 전하신 것도 이것이며, 이 분들이 사람들에게 가르침을 열어 보이신 것
   또한 이것 하나인 것입니다.

다면 곧 이 법을 방편으로 쓸 일이 없었을 것입니다. 이 경을 읽고 외우는 사람들이 헤아릴 수 없이 많고 칭찬하는 사람이 끝이 없으며 이 경에 주를 달고 풀이하는 사람들도 무려 800여 분이나 되니, 사람마다 설명하는 관점이 다르고 견해가 같지 않더라도 법에는 다를 것이 없습니다.

전생에 공부를 많이 한 사람들은 한번 듣고도 바로 깨닫지만, 만약 전생에 익힌 지혜가 없다면 읽고 외우기를 많이 하더라도 부처님의 뜻을 깨닫지 못합니다. 그러므로 이 경의 뜻을 풀이하여 공부하는 사람들의 의심을 끊고자 하니, 이 경의 근본 뜻을 알아 의심이 없다면 다시 풀이할 필요가 없을 것입니다.

예로부터 여래께서 말씀하신 '좋은 법'은 착하지 못한 범부의 마음을 제거하기 위한 것입니다. 경은 성인의 말씀이니 사람들이 그 말씀을 듣고 범부의 마음에서 성인의 마음을 깨달아 영원히 어리석은 마음을 쉬게 하려는 것입니다. 이 한 권의 경은 중생의 성품 가운데 본디 있는 것인데, 이를 스스로 보지 못하는 사람들은 다만 글자만 읽고 외울 뿐입니다. 만약 본디 마음을 깨달으면 비로소 이 경이 문자에 있지 않음을 알게 될 것이며, 자성을 분명히 알 수 있다면 그제야 모든 부처님이 이 경에서 나왔음을 믿을 것입니다.
요즈음 세상 사람들은 몸 밖에서 부처를 찾고 밖을 향해 가르침을 구하니 마음 안에 있는 경을 알지 못해 그 가르침을 따르지 못할까 걱정이 됩니다. 그러므로 이 구결口訣을 지어 공부하는 모든 사람들로 하여금 자신이 지니고 있는 마음의 경전이 곧 '생각을 뛰어넘는 불가사의하며 맑고 깨끗한 부처님의 마음임'을 스스로 분명히 보게 하려는 것입니다. 뒷날 학자들이 『금강경』을 읽다가 의문이 생길 때 이 풀이를 보고 그 의문이 풀린다면 이 구결을 다시 볼 필요는 없을 것입니다. 부디 공부하는 사람들 모두 광석에서 금의 성품을 보아, 지혜의 불로 광석을 녹여 쓸모없는 광물은 버리고 금만 얻게 되기를 바랄 뿐입니다.

저희 석가모니부처님께서 금강경을 설할 때는 사위국에 계셨습니다. 수보리의 질문을 시작으로 부처님께서 자비롭게 설하시니, 이 가르침을 듣고 깨달음을 얻은 수보리가 부처님께 이 법에 어떤 이름을 붙여 뒷사람들이 이 경에 의지하여 받아 지니게 할 것인가를 청하여 물었습니다. 그러자 경에서 "부처님께서 수보리에게 일러 말씀하시기를 이 경은 '금강반야바라밀'이라 불러야 하니, 이 이름으로 그대들은 마땅히 받들어 지녀야 할 것이다."라고 말씀하십니다.

그렇다면 여래께서 설한 '금강반야바라밀'을 부처님의 법으로서 이름 붙인 뜻이 무엇이겠습니까? 금강은 세계의 보배로서 그 성질이 매우 강하고 예리하여 모든 것을 부술 수 있습니다. 금강이 지극히 견고하다고 말하지만 검은 산양의 뿔 '고양각羖羊角'의 잘라진 부스러기들이 끈적끈적하게 달라붙어 있으면 상할 수도 있기에, '불성'은 금강에 비유되고 '번뇌'는 고양각에 비유됩니다. 금강이 아무리 굳세고 단단하더라도 고양각이 상하게 할 수 있듯 불성이 견고하더라도 번뇌가 어지럽힐 수 있습니다. 또한 번뇌가 견고하더라도 반야의 지혜로 타파할 수 있고, 고양각이 단단하더라도 강철로 부술 수 있으니 이

도리를 깨달은 사람은 분명히 참성품을 볼 것입니다.

『열반경』에 이르되 "불성을 본 사람은 중생이라 하지 않고 불성을 보지 못한 사람을 중생이라 한다." 하였습니다. 여래께서 금강을 비유로 설하신 것은 다만 세상 사람들의 성품이 견고하지 못해 입으로 경을 외우더라도 마음에서 깨달음의 빛이 나지 않음을 위한 것이니, 밖으로 외우고 안으로 실천해야 입과 마음에서 동시에 밝은 빛이 나올 것입니다. 안에 견고함이 없으면 선정과 지혜가 사라지고, 입으로 외우고 마음으로 실천해야 선정과 지혜가 고르게 되니 이를 '구경究竟'이라 합니다.

금이 산 속에 있으나 산은 이 보배를 알지 못하고 보배 또한 산을 알지 못하니, 왜냐하면 이는 '아는 성품'이 없기 때문입니다. 사람은 '아는 성품'이 있어 그 보배를 캐서 사용합니다. 금을 잘 아는 사람은 산을 파고 뚫어 금광석을 캐서 불에 녹여 마침내 순금을 얻으니, 그 순금을 자기 뜻대로 사용하여 가난의 고통을 면할 수 있습니다.

사대四大로 이루어진 몸 가운데 있는 불성도 그렇습니다. 몸은 세계에 비유되고 인아人我는 산에 비유하며, 번뇌는 금광석에 비유되고 불성은 금에 비유되며, 지혜는 기술자에 비유되고 용맹정진은 산을 파고 뚫는 데 비유됩니다.

몸이라는 세계 가운데 '인아人我'라는 산이 있고 인아라는 산 가운데 '번뇌'라는 금광석이 있으며, 번뇌라는 광물 속에 '불성'이라는 보배가 있고 불성이라는 보배 가운데 '지혜로운 기술자'가 있습니다. 지혜로운 기술자가 '인아人我'라는 산을 파고 뚫어 번뇌라는 금광석을 보고, 깨달음의 불로 이 번뇌를 녹여 자신의 금강불성을 보아 이것이 밝고 깨끗한 것임을 아는 것입니다. 이처럼 금강은 불성을 비유적으로 이르는 말입니다.

헛된 알음알이만 가지고 실천하지 않으면 이름은 있으나 바탕이 없는 것이요, 뜻을 알고 실천하면 이름과 바탕이 함께 갖추어지는 것입니다. 마음을 닦지 않으면 범부요, 닦으면 성인의 지혜와 같으니, 그러므로 '금강'이라 하는 것입니다.

무엇을 반야라고 합니까? 반야는 범어인데 지혜라는 뜻입니다. '지智'란 어리석은 마음을 일으키지 않는 것이요, '혜慧'란 그 어리석은 마음을 일으키지 않는 방편이 있는 것입니다. '혜慧'는 '지智'의 바탕이요, '지智'는 '혜慧'의 작용입니다. 바탕에 '혜慧'가 있으면 '지智'를 쓸 수 있기에 어리석지 않지만 바탕에 '혜慧'가 없다면 어리석어 '지智'가 없는 것입니다. 단지 어리석어 아직 깨닫지 못하는 것이니, 지혜의 힘을 빌려 끝까지 이 어리석음을 제거해야 합니다.

무엇을 '바라밀'이라 합니까? '부처님이 사는 저 언덕'에 도달한다는 것이니 이는 '생멸을 떠난다'는 뜻입니다. 다만 세상 사람들의 성품이 견고하지 못해 모든 법에 생멸하는 모습이 있어서, 육도에 윤회하며 아직 진여眞如의 땅에 도달하지 못하였기 때문에 이를 일러 '중생들이 사는 이 언덕'이라 합니다. 큰 지혜를 갖추어 모든 법에서 오롯하게 생멸을 여윈다면 곧 '부처님이 사는 저 언덕'에 이를 것입니다. 또한 말하기를 "어리석으면 이 언덕이요 깨달으면 저 언덕이며, 마음이 삿되면 이 언덕이요 마음이 올바르면 저 언덕이다."라고 하니, 입으로 말하고 마음으로 실천하면 곧 자신의 법신에 바라밀이 있는 것이요, 입으로 말하고 마음으로 실천하지 않는다면 바라밀이 없는 것입니다.

무엇을 '경經'이라고 합니까? '경'이란 '빠른 길'이니 이는 성불하는 길입니다. 이 길로 들어가고자 하는 사람은 안으로 반야행을 닦아야 구경에 도달할 것입니다. 단지 외우고 말하기만 할 뿐 이 반야행에 의지하여 실천하지 않는다면 자신의 마음에 경이 없는 것입니다. 진실하게 보고 진실하게 실천해야 자신의 마음에 경이 있는 것입니다. 그러므로 여래께서 이 경을 『금강반야바라밀경』이라 부릅니다.

범부와 성현의 생멸은 다르니

법의 성품은 오롯 고요하여 본디 생멸이 없는 것인데, '한 생각이 일어남'으로 말미암아 마침내 경계를 반연하게 됩니다. 이를 하늘에서 명을 받아 태어난다고 하여 '명命'이라 말하지만 '천명天命'을 주장한다면 '진공眞空'은 존재하지 않습니다. 전에 일으킨 한 생각이 점차 커져 의식이 되고, 의식의 쓰임이 나뉘어 '육근六根'이 됩니다. 육근은 저마다 분별하는 것이 다르나 그 각각의 분별을 한데 모아서 통솔하는 것이 있으니, 이를 '마음'이라 부르는 것입니다. '마음'이란 이런저런 생각들이 모여 있는 곳이요, 신령스런 앎이 머무는 곳이며, 진眞과 망妄이 함께 거처하는 곳이요, 범부와 성현이 자신의 틀을 깰 수 있는 기회의 땅입니다.

모든 중생이 아주 먼 옛날부터 생멸을 떠나지 못하는 것은 다 이 '마음'에 묶여 있기 때문입니다. 그러므로 모든 부처님께서는 오직 사람들이 이 '마음'을 바로 보도록 가르치실 뿐입니다. 이 '마음'을 알면 곧 자신의 성품을 보고, 자신의 성품을 보는 것이 곧 깨달음입니다. '마음'이 참성품에 있을 때는 모든 것이 저절로 '공적空寂'이어서 맑고 맑아 없는 듯하다가, 한 생각 일으킨 것을 반연한 뒤에 이 '마음'이 있게 됩니다. 이 '마음'이 생기면 형상이 이루어지는데, 형상이란 지수

25

화풍이 모인 물거품입니다. 이 사대는 혈기로써 그 바탕을 삼으니 생명체로 태어나는 것이 고유한 특성입니다. 혈기가 충분하면 정기가 충분하고, 정기가 충분하면 신령스런 기운을 만들고 신령스런 기운이 충분함에 오묘한 작용을 만들어 냅니다. 그러니 오묘한 작용이란 곧 내가 오롯이 고요한 선정에 있을 때 드러나는 '진아眞我'에서 나오는 것입니다.

형상이 사물을 만남으로 인因하여 작용하는 것을 볼 뿐인데, 다만 범부는 어리석어 사물을 좇아가고 성현은 지혜로워 사물에 응할 뿐입니다. 사물을 좇는 것은 '나와 경계를 분별하는 것[自彼]'이요 사물에 응하는 것은 '나와 경계가 하나 된 것[自我]' 입니다. '나와 경계를 분별하는 것[自彼]'은 보는 것에 집착하는 것이니 윤회하게 되고, '나와 경계가 하나 된 것[自我]'은 바탕 자체가 언제나 공이어서 영원토록 여여한 것으로 이 둘 모두 마음의 오묘한 작용입니다.

이런 까닭에 아무 것도 생겨나지 않았을 때 '성性'은 오롯하게 모든 것을 다 갖추었지만, 텅 비어 아무 것도 없이 맑고 맑아 자연스러우며, 그 광대함이 허공과 같아 오가며 일어나는 변화 그 모든 것에 자유자재한 것이니, 하늘이 나에게 태어나도록 명하더라도 그 일이 이루어질 수 있겠습니까. 하늘도 오히려 나에게 태어나라 명할 수 없는 것인데, 하물며 사대四大나 오행五行이야 더 말할 필요가 있겠습니까.

먼저 한 생각을 일으켜 경계를 반연하므로 하늘이 나를 태어나게 할 수 있고, 사대四大는 혈기로써 나의 모습을 만들어 낼 수 있으며, 오행

五行은 수數로써 나의 삶을 제약할 수 있으니, 이것이 태어나고 없어짐이 있게 되는 까닭입니다.

그러하므로 생멸하는 모습은 같더라도 범부와 성현의 생멸은 다른 것입니다. 범부는 일으킨 생각을 반연하여 태어나고, 알음알이는 업을 따라 변하니 태어날 때마다 오염된 습기가 더욱 쌓여 태어난 후에도 온갖 헛된 것에 집착하게 됩니다. '지수화풍' 사대四大를 잘못 인정하여 나의 몸으로 삼고, '안·이·비·설·신·의' 육근六根을 잘못 인정하여 나의 존재로 삼으며, '색·성·향·미·촉·법' 육진六塵을 잘못 인정하여 쾌락으로 삼고, 온갖 번거로운 일들을 잘못 인정하여 부귀로 삼고 있습니다. 마음으로 알고 눈으로 보는 것에 망념 아닌 것이 없으니, 모든 망념이 일어남에 온갖 번뇌가 벌어지는 것입니다.

망념이 진여의 자리를 빼앗아 참성품이 숨으니, 나와 남을 분별하는 마음이 주인이 되고 참다운 앎은 객이 됩니다. 몸과 입과 뜻으로 짓는 세 가지 업이 앞에서 이끌어 온갖 업이 뒤따르니 생사에 떠밀려 그 끝이 없습니다. 생生이 다하면 멸滅하고 멸滅이 다하면 다시 생生하니, 이런 생멸生滅을 반복하면서 온갖 악도에 떨어지게 됩니다. 육도 윤회를 하면서도 그 까닭을 모르기에 무명만 더욱 깊어져 온갖 업을 짓게 되니 마침내 영원토록 다시 사람 몸을 받지 못하는 데 이르게 되는 것입니다.

성현은 그렇지 않습니다. 성현은 태어날 때 망념으로 태어나는 것이 아니요 중생들을 제도하려는 원력으로 태어납니다. 태어나고자 하면 태어나니 하늘의 운명을 기다리는 것이 아닙니다. 그러니 태어난 뒤에도 오롯 고요한 성품이 예전처럼 맑고 맑아 어떤 모습도 없이 걸림이 없습니다. 온갖 법을 비춤이 마치 푸른 하늘 밝은 해와 같아 조금도 숨길 것이 없습니다.

그러므로 온갖 좋은 법을 펼치며 갠지스 강 모래알 수만큼 많은 세계에 두루 하니 그 작용을 '적다' 할 수 없고, 모든 중생을 다 거두어 적멸로 돌아가니 '많다' 할 수도 없습니다. 그 자리는 오라고 채찍으로 몰아도 올 수 있는 것이 아니며 가라고 쫓아도 갈 수 있는 것이 아닙니다. 비록 지수화풍 사대에 의탁하여 형상을 만들고 오행으로 키워지고 자라더라도 모두 다 내가 임시로 빌린 것일 뿐, 아직 결코 허망하게 그것을 '진짜 나'라고 인정한 적이 없습니다. 나의 인연이 진실로 다한다면 나의 자취도 당연히 없어지는 것입니다. 인연에 맡겨 가는 것이 여여한 데서 오고 갈 뿐이니 나와 무슨 상관이 있겠습니까.
이렇듯 범부에게는 생이 있으면 멸이 있고 멸한 것이 다시 생겨나지 않을 수 없지만, 성현에게는 생도 있고 멸도 있지만 멸한 것이 진공眞空으로 돌아갑니다. 이런 까닭에 범부의 생멸은 몸 가운데 그림자 같아서 들고 날 때마다 서로 붙어 다녀 생멸이 다할 때가 없지만, 성현의 생멸은 허공의 우레와 같아 스스로 생겨나 스스로 그치니 사물에 누가 되지 않습니다. 세상 사람들은 이와 같은 생멸의 이치를 알지 못하고 생멸을 번뇌 가운데 큰 근심거리로 여기고 있으니 대개 스스로가 깨치지 못했기 때문입니다. 깨닫고 나면 생멸을 몸 위에 붙은 먼지처럼 보아 한번 툭 털어버리면 그만인데, 생멸이 나의 성품에 무슨 누가 되겠습니까.

옛날 우리 여래께서는 모든 중생이 잘못된 어리석음으로 생사에 떠돌고 있는 것을 큰 자비로 불쌍하고 가엾게 여기셨습니다. 또한 모든 중생에게 본디 자유롭고 즐거운 성품이 있어 모두 닦아 증득하여 성불할 수 있음을 아셨습니다. 그리하여 모든 중생이 다 성현의 생멸이 되고 범부의 생멸이 되지 않게 하려고 하셨습니다. 그런데 모든 중생이 먼 옛날부터 오랜 세월 생사에 떠돈 탓으로 부처님이 될 씨앗에 많은 차별이 있게 되어 한 가지 법으로는 빨리 깨쳐 줄 수가 없다고 생각하셨기에 팔만사천법문을 설하신 것입니다. 팔만사천법문마다 모두 진여의 세계에 도달할 수 있고, 매번 설한 법문 하나하나에 고구정녕 진실한 말 아닌 것이 없습니다. 모든 중생으로 하여금 저마다 들은 법문에서 '자신의 마음'에 들어가 그 마음에서 '자신의 불성'을 보고 '자신의 부처님'을 증득하여 곧 여래와 같이 되도록 하려는 것입니다.

이런 까닭에 여래가 모든 경에서 '유有'를 설한 것은 모든 중생들로 하여금 좋은 모습을 보고 착한 마음을 내게 하려는 것이요, '무無'를 설한 것은 모든 중생들로 하여금 모습을 떠나 참성품을 보게 하려는 것입니다. 색色을 설하고 공空을 설한 것 또한 이와 같습니다.

그러나 중생들의 집착은 유有를 보아도 '참다운 유有'가 아니요 무無를 보아도 '참다운 무無'가 아닙니다. '색色'을 보고 '공空'을 보는 것도 다 이와 같은 집착인데 여기에 다시 단견斷見과 상견常見을 일으켜 더욱더 생사의 뿌리로 삼고 있으니, 이들에게 '이 모든 것이 다르지 않다'라는 법문을 설하지 않는다면 또다시 잘못된 어리석음으로 생사에 떠도는 일이 예전보다 더 심해질 것입니다. 그러므로 여래께서 다시금 '반야지혜'를 설하여 단견과 상견을 타파하고, 모든 중생으로 하여금 '참다운 유有'와 '참다운 무無' '참다운 색色' '참다운 공空'이 본디 다를 것이 없고 또한 그것이 자신의 성품과 멀리 떨어져 있는 것이 아님을 보여 주시는 것입니다.

맑고 맑아 고요하여 다만 자기의 성품 가운데 있을 뿐입니다. 오로지 자기 성품에 있는 지혜로 모든 망념을 타파하면 분명 스스로 보는 것입니다. 이 때문에『대반야경』육백 권은 모두 여래께서 보살을 위하여 불성을 설한 것입니다. 그러나 그 사이 '돈오頓悟'와 '점수漸修'를 위한 설법도 있었지만 오직『금강경』만큼은 '대승大乘'과 '최상승最上乘'을 위하여 설법한 것입니다.

이런 까닭으로 이 경에서 먼저 사생四生과 사상四相을 설하고, 다음에는 "존재하는 '온갖 모습'은 다 허망한 것이니, '온갖 모습'에서 '허망한 모습이 아닌 참모습'을 보면 곧 여래를 보느니라." 말한 것입니다. 대개 온갖 법에 집착할 것이 없음을 드러내야 이것이 참 진리가 됩니다. 그러므로 여래께서는 이 경에서 '유有'를 섭렵하면 곧 이를 타파하여 잘못된 것이라고 설하고 곧 '실상實相'을 취하여 이를 중생에게 보여주는 것입니다. 이는 대개 중생이 부처님이 말씀하신 뜻을 이해하지 못하고 도리어 그 마음에 집착하게 될까봐 걱정하신 것이니, 이른바 '불법은 곧 불법이 아니다'라고 말씀하신 것 등이 이런 경우입니다.

차례

일러두기

1. 이 책은 1997년 대한불교조계종 교육원에서 펴낸 『금강경전서』
   가운데 『금강경오가해』 중 육조 스님 해의解義 부분만 번역하여
   『육조 스님 금강경』으로 출간한 것이다.
2. 이 책에 있는 '금강경 한글번역'은 저자가 풀이한
   『우리말 금강반야바라밀경』(2010년 도서출판법공양)이 저본이다.
   육조 스님 해의도 이 한글번역과 어긋나지 않도록 노력하였지만
   육조 스님 특유의 풀이로 뜻대로 되지 않은 곳도 있다.
3. 금강경 원문 다음에 육조 스님 해설을 실었으며
   그 해설의 원문은 각주로 처리하여 가능한 그 쪽수에서 바로
   대조해 볼 수 있도록 하였다.
4. 각주 원문에 한글토를 달아 놓은 것은 위에 있는 번역문을 읽고
   대조할 때 참고로만 볼 일이다.
5. 서른두 단락으로 나눈 한문 목차는 중국 양나라 소명 태자가
   정리한 것이고, 이 목차의 한글번역은 본문내용을 참고하였기에
   한문의 뜻과 한글번역이 조금 달라 보일 수 있지만 근본 뜻은
   같다고 본다.

한글
금강경

1

이와 같이 저는 들었습니다. 부처님께서 사위국 기원정사에서 성스러운 비구 천이백오십 명과 함께 지내실 때였습니다.

어느 날 이른 아침 가사를 수하신 세존께서 발우를 들고 사위성에 들어가 탁발하시며 차례대로 일곱 집에서 정성껏 올리는 공양물을 받고 다시 머물던 처소로 돌아와 공양을 드시고는 가사와 발우를 정돈하신 뒤 발을 씻으시고는 자리를 펴고 앉으셨습니다.

2

그때 장로 수보리가 대중 가운데에서 일어나 오른쪽 어깨를 드러낸 차림으로 오른 무릎을 꿇으면서 두 손을 모아 합장하고 공경하는 마음으로 부처님께 사뢰었습니다.

"참으로 경이롭고 희유하십니다, 세존이시여. 여래께서는 모든 보살들을 잘 보살펴 주시고 배운 가르침을 잘 실천하도록 격려하여 주십니다. 세존이시여! '더할 나위 없이 높고도 올바른 깨달음'을 얻고자 마음을 일으킨 선남자 선여인들은 어떻게 살아가야 하며 어떻게 마음을 다스려야 합니까?"

부처님께서 말씀하셨다.

"참으로 잘 물었다, 수보리야. 그대의 말대로 여래께서는 모든 보살들을 잘 보살펴 주시고 배운 가르침을 잘 실천하도록 격려하여 주시느니라. 이제 그대를 위하여 설하리니 잘 들어라. '더할 나위 없이 높고도 올바른 깨달음'을 얻고자 마음을 일으킨 선남자 선여인들은 이와 같이 살아야 하며 이와 같이 마음을 다스려야 할 것이니라."

"네, 세존이시여. 기쁜 마음으로 듣겠사옵니다."

3

부처님께서 수보리에게 말씀하셨다.

"수보리야, 모든 보살마하살은 이와 같이 그들의 마음을 다스려야 하니, 온갖 중생들, 즉 알에서 태어난 중생, 모태에서 태어난 중생, 습기에서 태어난 중생, 생긴 모습을 바꾸어 태어난 중생, 형체가 있는 중생, 형체가 없는 중생, 분별이 있는 중생, 분별이 없는 중생, 분별이 있는 것도 아니고 없는 것도 아닌 중생 이 모두를 '번뇌가 다 사라진 열반에 들게 하여 제도해야겠다는 마음을 내야 하느니라. 이와 같이 헤아릴 수 없이 많은 중생을 제도하였지만 실로 제도된 중생은 하나도 없다."

"왜냐하면 수보리야, 만약 보살이 나라는 모습에 집착하고, 남이라는 모습에 집착하며, 나와 남들이 어울려 생겨나는 우리 중생이라는 모습에 집착하고, 또는 이들 모두의 생명이 영원할 것이라는 모습에 집착한다면 이는 보살이 아니기 때문이다."

4

"또한 수보리야, 보살은 어떠한 대상에도 얽매이는 마음이 없이 보시해야 한다. 이른바 형색에 얽매이지 않으며, '소리·냄새·맛·촉감·마음의 대상' 그 어디에도 얽매이지 않는 마음으로 보시해야 하느니라. 수보리야, 보살은 이와 같이 보시하여 어떤 모습에도 얽매이지 않아야 하니 무슨 까닭이겠느냐? 만약 보살이 어떤 모습에도 얽매이지 않고 보시하면 그 복덕은 헤아릴 수 없을 만큼 크기 때문이다. 수보리야, 그대는 어떻게 생각하느냐? 동쪽 허공의 크기를 헤아릴 수 있겠느냐?"

"헤아릴 수 없습니다, 세존이시여."

"수보리야, 남쪽·서쪽·북쪽의 허공과 그 사이와 위아래에 있는 허공의 크기를 헤아릴 수 있겠느냐?"

"헤아릴 수 없습니다, 세존이시여."

"수보리야, 보살이 어떤 모습에도 얽매이지 않고 보시하는 복덕도 이와 같아 그 크기를 헤아릴 수 없느니라. 수보리야, 보살은 오직 이와 같은 가르침대로 살아야 하느니라.”

5

“수보리야, 그대는 어떻게 생각하느냐? ‘몸의 모양’으로 여래를
볼 수 있겠느냐?”
“볼 수 없습니다, 세존이시여. ‘몸의 모양’으로 여래를 볼 수 있는
것이 아닙니다. 왜냐하면 여래께서 말씀하시는 ‘몸의 모양’은 ‘어
떤 실물로 나타난 몸의 모양’이 아니기 때문입니다.”

부처님께서 수보리에게 말씀하셨다.
“존재하는 ‘온갖 모습’은 다 허망한 것이니, ‘온갖 모습’에서 ‘허망
한 모습’이 아닌 ‘참모습’을 보면 곧 여래를 보느니라.”

6

장로 수보리가 부처님께 사뢰었다.
“세존이시여, 어떤 중생들이 이런 가르침을 듣고 참된 믿음을 낼
수 있겠습니까?”

부처님께서 수보리에게 말씀하셨다.

"그렇게 말하지 말라. 여래께서 열반하신 후 오백년 뒤에도 부처님 말씀대로 아름답게 계를 지키며 복을 짓고 사는 사람들은 이와 같은 가르침에 믿는 마음을 내리니 이로써 부처님의 세상으로 들어갈 것이니라.

그대는 마땅히 알아야 한다. 이 사람은 전생에 부처님 한 분, 두 분, 세 분, 네 분, 다섯 분에게만 선근을 심은 것이 아니라, 이미 헤아릴 수 없이 많은 부처님께 온갖 선근을 심었으므로 이와 같은 가르침을 듣고 한 생각에 맑고 깨끗한 믿음을 낼 것이니라."

"수보리야, 여래께서는 이 모든 것을 다 아시고 다 보시니, 이 가르침을 믿는 중생들은 헤아릴 수 없는 무량복덕을 얻게 될 것이다. 무엇 때문이겠느냐? 이들 모든 중생은 다시는 '나라는 모습, 남이라는 모습, 나와 남들이 어울려 생겨나는 우리 중생이라는 모습, 또는 이들 모두의 생명이 영원할 것이라는 모습'에 집착하지 않기 때문이며, 법이라는 모습에도 집착하지 않고 법이 아니라는 모습에도 집착하지 않기 때문이다.

왜냐하면 이 모든 중생들이 마음에 어떤 모습을 갖게 되면 곧 '나라는 모습에 집착하고, 남이라는 모습에 집착하며, 나와 남들이 어울려 생겨나는 우리 중생이라는 모습에 집착하고, 또는 이들 모두의 생명이 영원할 것이라는 모습에 집착하는 것'이 되기 때문이다."

"무슨 까닭이겠느냐? 마음에 법이라는 모습을 갖게 되면 곧 '나라는 모습에 집착하고, 남이라는 모습에 집착하며, 나와 남들이 어울려 생겨나는 우리 중생이라는 모습에 집착하고, 또는 이들 모두의 생명이 영원할 것이라는 모습에 집착하는 것'이 되기 때문이며, 법이 아니라는 모습을 갖게 되도 곧 '나라는 모습에 집착하고, 남이라는 모습에 집착하며, 나와 남들이 어울려 생겨나는 우리 중생이라는 모습에 집착하고, 또는 이들 모두의 생명이 영원할 것이라는 모습에 집착하는 것'이 되기 때문이다. 이렇기 때문에 '법'이라는 모습도 갖지 말아야 하며 '법 아닌 것'이라는 모습도 갖지 말아야 하느니라. 이런 뜻으로 여래께서는 늘 말씀하셨다. '그대 비구들은 내가 말한 법이 뗏목 같은 줄 알아야 한다. 법조차도 오히려 버려야 하거늘, 하물며 법 아닌 것이야 더 말할 필요가 있겠는가.'"

7

부처님께서 수보리에게 말씀하셨다.
"수보리야, 그대는 어떻게 생각하느냐? 여래께서 '더할 나위 없이 높고도 올바른 깨달음'을 얻었느냐? 여래께서 말씀하신 법이 있겠느냐?"

장로 수보리가 말하였다.

"부처님께서 말씀하신 뜻을 제가 알기로는 '더할 나위 없이 높고
도 올바른 깨달음'이라 할 만한 결정된 법이 없으며, 또한 여래께
서 말씀할 만한 정해진 법도 없습니다.
무슨 까닭이겠습니까? 여래께서 말씀하신 법은 모두 취할 수 있는
것도 아니고 말할 수 있는 것도 아니며, 법도 아니고 법 아닌 것도
아니기 때문입니다.
왜냐하면 현자와 성인은 모두 무위법으로써 여러 가지 모습을 드
러내고 있기 때문입니다."

8

부처님께서 수보리에게 말씀하셨다.
"수보리야, 그대는 어떻게 생각하느냐? 만약 어떤 사람이 삼천대
천세계를 일곱 가지 보배로 가득 채워 보시한다면 이 사람이 얻는
복덕이 얼마나 많겠느냐?"

장로 수보리가 말하였다.
"참으로 많습니다, 세존이시여. 왜냐하면 이 복덕은 곧 복덕의
성품이 아니니, 이 때문에 여래께서 복덕이 많다고 말씀하신 것
입니다."

"만약 어떤 사람이 이 경이나 이 가르침 속에 있는 네 구절의 계송만이라도 받아 지녀 다른 사람을 위하여 그 뜻을 일러 준다면 그 복덕은 삼천대천세계를 일곱 가지 보배로 가득 채워 보시한 복덕보다도 더 뛰어날 것이다. 무슨 까닭이겠느냐, 수보리야. 시방세계 부처님과 그분들의 깨달음이 모두 이 가르침에서 나왔기 때문이다. 수보리야, 이른바 부처님의 법이라 집착한다면 그것은 부처님의 법이 아니니라."

9

"수보리야, 그대는 어떻게 생각하느냐? 욕망으로 살아가는 세계에서 '나에 대한 집착' '계율과 의식에 대한 집착' '법에 대한 의심'이 끊어져 성자의 흐름에 든 사람 수다원이 '나는 수다원의 지위를 얻었다'는 생각을 낼 수 있겠느냐?"

장로 수보리가 말하였다.
"아닙니다, 세존이시여. 왜냐하면 수다원은 성자의 흐름에 들어갔다고 하지만 들어간 곳이 없기 때문입니다. '형색이나 소리·냄새·맛·촉감·마음의 대상' 그 어디에도 들어가지 않았기 때문에 수다원이라 말하는 것입니다."

"수보리야, 그대는 어떻게 생각하느냐? 욕망으로 살아가는 세계에서 '감각적 욕망'과 '성내는 마음'이 아직 조금 남아 있어 이를 없애기 위하여 욕망의 세계로 다시 한 번 더 돌아와야 할 사람 사다함이 '나는 사다함의 지위를 얻었다'는 생각을 낼 수 있겠느냐?"

장로 수보리가 말하였다.
"아닙니다, 세존이시여. 왜냐하면 사다함은 욕망의 세계로 다시 한 번 돌아와야 할 사람이라고는 하지만, 실로 돌아와야 할 곳이 없기 때문에 사다함이라 부르는 것입니다."

"수보리야, 그대는 어떻게 생각하느냐? 욕망으로 살아가는 세계에서 '나에 대한 집착', '계율과 의식에 대한 집착', '법에 대한 의심', '감각적 욕망'과 '성내는 마음'이 모두 끊어져 다시는 욕망의 세계로 되돌아오지 않을 사람 아나함이 '나는 아나함의 지위를 얻었다'는 생각을 낼 수 있겠느냐?"

장로 수보리가 말하였다.
"아닙니다, 세존이시여. 왜냐하면 아나함은 욕망의 세계로 다시 오지 않을 사람이라고는 하지만, 실로 다시 오지 않을 곳이 없기 때문에 아나함이라 부르는 것입니다."

"수보리야, 그대는 어떻게 생각하느냐? 마음속에 다툼이 없어 고

요한 삶을 즐기는 아라한이 '나는 아라한의 도를 얻었다'는 생각
을 낼 수 있겠느냐?"

장로 수보리가 말하였다.
"아닙니다, 세존이시여. 왜냐하면 실로 아라한이라고 할 만한 법
이 없기 때문입니다.
세존이시여, 만약 아라한이 '나는 아라한의 도를 얻었다'는 생각
을 내면 이는 곧 '나라는 모습에 집착하고, 남이라는 모습에 집착
하며, 나와 남들이 어울려 생겨나는 우리 중생이라는 모습에 집착
하고, 또는 이들 모두의 생명이 영원할 것이라는 모습에 집착하는
것'이기 때문입니다.
세존이시여, 부처님께서 저를 '다툼이 없는 무쟁삼매를 얻은 사람
가운데 최고'라고 하시니, 이는 '온갖 욕망을 떠난 으뜸가는 아라
한이라 말씀하신 것입니다.
세존이시여, 그러나 저는 제가 '온갖 욕망을 떠난 아라한'이라는
생각을 하지 않습니다. 세존이시여, 제가 만약 '나는 아라한의 도
를 얻었다' 하면, 세존께서 '수보리는 마음속에 다툼이 없어 고요
한 삶을 즐기는 사람'이라고 말씀하시지 않았을 것입니다. 제가
실로 그런 생각이 없기 때문에 '수보리는 마음속에 다툼이 없어 고
요한 삶을 즐기는 사람'이라고 말씀하시는 것입니다."

10

부처님께서 수보리에게 말씀하셨다.

"그대는 어떻게 생각하느냐? 여래가 옛날, 불꽃처럼 빛나는 연등 부처님이 계신 곳에서 얻은 법이 있겠느냐?"

"아닙니다, 세존이시여. 여래께서는 불꽃처럼 빛나는 연등 부처님이 계신 곳에서 실로 얻은 법이 없습니다."

"수보리야, 그대는 어떻게 생각하느냐? 보살이 부처님의 국토를 장엄하겠느냐?"

"아닙니다, 세존이시여. 왜냐하면 부처님의 국토를 장엄한다는 것은 곧 어떤 실물로 장엄하는 것이 아니기 때문에 이를 일러 장엄한다고 하는 것입니다."

"그러므로 수보리야, 모든 보살마하살은 이처럼 맑고 깨끗한 마음을 쓰며, 형색에도 얽매이지 말고, 소리·냄새·맛·촉감·마음의 대상에도 얽매이지 말아야 하니, 그 어디에도 집착하지 말아야 하느니라.

수보리야, 비유컨대 어떤 사람의 몸이 거대한 수미산과도 같다면 그대는 어떻게 생각하느냐? 그 몸이 크다고 할 수 있겠느냐?"

"참으로 큽니다, 세존이시여. 왜냐하면 부처님께서는 어떤 실물로 나타난 몸이 아닌 것, 이를 일러 큰 몸이라 말씀하셨기 때문입니다."

11

"수보리야, 갠지스 강 모래알 수만큼이나 많은 갠지스 강이 있다
면, 그대는 어떻게 생각하느냐? 이 모든 갠지스 강에 있는 모래알
수를 많다고 할 수 있겠느냐?"

장로 수보리가 말하였다.
"참으로 많습니다, 세존이시여. 단지 모든 갠지스 강만 해도 헤아
릴 수 없이 많거늘, 하물며 그 모래알 수야 더 말할 필요가 있겠습
니까."

"수보리야, 내가 이제 진실한 말로 그대에게 일러 주겠노라. 만약
어떤 선남자 선여인이 저 갠지스 강 모래알 수만큼이나 많은 삼천
대천세계를 일곱 가지 보배로 가득 채워 보시한다면 그들이 얻을
복이 많겠느냐?"

"참으로 많습니다, 세존이시여."

부처님께서 수보리에게 말씀하셨다.
"만약 선남자 선여인이 이 경이나 이 가르침 속에 있는 네 구절의
게송만이라도 받아 지녀 다른 사람들을 위하여 그 뜻을 일러 준다
면, 이 복덕은 앞에서 말한 일곱 가지 보배로 보시한 복덕보다도

더 뛰어날 것이니라."

12

다시 부처님께서 수보리에게 말씀하셨다.

"또한 수보리야, 이 경이나 이 가르침 속에 있는 네 구절의 게송만
이라도 설하는 곳이 있다면, 마땅히 여기는 모든 세간에 있는 하늘
의 신이나 인간 아수라 등이 부처님이 계시는 절이나 탑처럼 받들
어 공양 올려야 할 곳임을 알아야 한다. 하물며 이 가르침을 남김
없이 받들어 지니고 독송하는 사람이야 더 말할 필요가 있겠느냐.
수보리야, 그대는 마땅히 이 사람이 세상에서 가장 으뜸가는 경이
롭고 희유한 법을 성취한 줄 알아야 한다. 이 경전이 있는 장소는
부처님이 계시는 곳이요, 존경하고 받들어 모셔야 할 부처님의 훌
륭한 제자들이 있는 곳과 같으니라."

13

그때 장로 수보리가 부처님께 사뢰어 물었다.

"세존이시여, 이 경의 이름을 무어라 불러야 하며 저희들이 어떻
게 받들어 지녀야 합니까?"

부처님께서 수보리에게 말씀하셨다.

"이 경은 '깨달음으로 가는 금강의 지혜'라는 뜻을 지닌 '금강반야
바라밀경'이라고 하니, 이 이름으로 그대들은 받들어 지녀야 할
것이다.

왜냐하면 수보리야, 부처님이 말씀하신 '깨달음으로 가는 지혜 반
야바라밀'은 '어떤 실체가 있는 반야바라밀'이 아니기 때문에 이
를 일러 '반야바라밀'이라고 한다.

수보리야, 그대는 어떻게 생각하느냐? 여래께서 말씀하신 법이
있겠느냐?"

"세존이시여, 여래께서는 법을 말씀하신 바가 없습니다."

"수보리야, 그대는 어떻게 생각하느냐? 삼천대천세계를 이루고
있는 모든 티끌의 수가 많겠느냐?"

"참으로 많습니다, 세존이시여."

"수보리야, 이 모든 티끌을 여래께서 어떤 실체가 있는 티끌이 아
니라고 말씀하셨으므로, 이를 일러 티끌이라고 한다. 여래께서 말
씀하신 세계도 어떤 실체가 있는 세계가 아니므로, 이를 일러 세계
라고 하느니라.

수보리야, 그대는 어떻게 생각하느냐? '서른두 가지 뛰어난 모습'

으로 여래를 볼 수 있겠느냐?"

"아닙니다, 세존이시여. '서른두 가지 뛰어난 모습'으로 여래를 볼 수 없습니다. 왜냐하면 여래께서 말씀하신 '서른두 가지 뛰어난 모습'은 어떤 실체가 있는 '서른두 가지 뛰어난 모습'이 아니므로, 이를 일러 '서른두 가지 뛰어난 모습'이라고 하는 것입니다."

"수보리야, 만약 어떤 선남자 선여인이 갠지스 강의 모래알 수만큼이나 많은 몸과 목숨을 바쳐 보시했더라도, 어떤 사람이 이 경이나 이 가르침 속에 있는 네 구절의 게송만이라도 받아 지녀 다른 사람들을 위하여 그 뜻을 일러 준다면, 이 복덕은 헤아릴 수 없이 많은 몸과 목숨을 바쳐 보시한 복덕보다도 더 뛰어날 것이니라."

14

이때 수보리가 이 경의 가르침을 듣고 그 뜻을 깊이 깨닫고는 벅찬 감동의 눈물을 흘리면서 부처님께 사뢰었다.
"경이롭고 희유하십니다, 세존이시여. 부처님께서 이처럼 뜻이 깊은 경전을 말씀하시는 것을 제가 예전에 얻은 지혜의 눈으로도 일찍이 듣고 본 적이 없습니다.
세존이시여, 어떤 사람이 이 가르침을 듣고 맑은 믿음을 낸다면 참다운 모습을 알게 되니, 마땅히 이 사람은 이 세상에서 으뜸가는 경이롭고 희유한 공덕을 성취한 줄 알아야 합니다.

세존이시여, 이 가르침의 '참다운 모습'이란 곧 '어떤 실체가 있는 모습'이 아니니, 이런 까닭으로 여래께서는 '참다운 모습'이라 말씀하시는 것입니다.

세존이시여, 제가 지금 이 경전의 가르침을 듣고서 그대로 믿고 알아 받아 지니는 것은 그리 어려운 일이 아닙니다. 그러나 뒷날 오백년이 지난 후에 어떤 중생이 이 가르침을 듣고서 믿고 알아 받아 지닌다면, 이 사람은 세상에서 가장 경이롭고 희유한 사람이 될 것입니다.

왜냐하면 이 사람은 '나라는 모습, 남이라는 모습, 나와 남들이 어울려 생겨나는 우리 중생이라는 모습, 또는 이들 모두의 생명이 영원할 것이라는 모습'에 집착하지 않기 때문입니다.

무슨 말인가 하면, '나라는 모습'은 어떤 실체가 있는 나라는 모습이 아니요, '남이라는 모습, 나와 남들이 어울려 생겨나는 우리 중생이라는 모습, 또는 이들 모두의 생명이 영원할 것이라는 모습' 그 어느 것도 곧 어떤 실체가 있는 모습이 아니기 때문입니다.

왜냐하면 온갖 모습에 대한 집착을 떠난 것 이를 일러 '부처님'이라 부르기 때문입니다."

부처님께서 수보리에게 말씀하셨다.

"맞다, 맞는 말이다. 어떤 사람이 이 가르침을 듣고서 놀라거나 두

려워하지 않고 멀리하지 않는다면 이 사람은 참으로 경이롭고 희
유한 사람인 줄 알아야 하느니라.

왜냐하면 수보리야, 여래께서 말씀하신 '깨달음으로 가는 최상의
방편'은 어떤 실체가 있어 '깨달음으로 가는 최상의 방편'이라 하
는 것이 아니므로, 이를 일러 '깨달음으로 가는 최상의 방편'이라
고 하기 때문이다.

수보리야, '깨달음으로 가는 인욕'도 여래께서 어떤 실체가 있어
참아야 하는 '깨달음으로 가는 인욕'이 아니라고 말씀하시므로 이
를 일러 '깨달음으로 가는 인욕'이라고 하느니라.

무슨 까닭이겠느냐, 수보리야. 옛날 가리왕이 예리한 칼로 나의
몸을 잘라서 토막 낼 때, 그때 나는 '나라는 모습, 남이라는 모습,
나와 남들이 어울려 생겨나는 우리 중생이라는 모습, 또는 이들 모
두의 생명이 영원할 것이라는 모습'에 집착하지 않았기 때문이다.
무슨 말인고 하면, 내 몸이 마디마디 사지가 찢길 때에 '나라는 모
습'에 집착하고, 남이라는 모습에 집착하며, 나와 남들이 어울려
생겨나는 우리 중생이라는 모습에 집착하고, 또는 이들 모두의 생
명이 영원할 것이라는 모습에 집착하는 것'이 있었다면, 반드시
나는 가리왕에게 성내고 원망하는 마음을 냈을 것이기 때문이다.
수보리야, 또 과거 오백세에 인욕선인으로 살던 일을 생각하니 그
때 세상에서도 나는 '나라는 모습, 남이라는 모습, 나와 남들이 어
울려 생겨나는 우리 중생이라는 모습, 또는 이들 모두의 생명이 영
원할 것이라는 모습'에 집착이 없었다.”

"그러므로 수보리야, 보살은 온갖 허망한 모습을 떠나 '더할 나위 없이 높고도 올바른 깨달음'을 얻고자 마음을 내야 한다. 형색에 얽매이지 말고 소리·냄새·맛·촉감·마음의 대상에도 얽매이지 않아 반드시 그 어디에도 집착하지 않는 마음을 내야 한다. 만약 마음이 어떤 대상에 얽매여 있다면 이는 곧 보살이 머무를 곳이 아니기 때문이다. 이런 까닭에 부처님께서 '보살은 형색에 집착하여 보시해서는 안 된다'라고 말씀하시느니라.

수보리야, 보살은 모든 중생을 이롭게 하기 위하여 이처럼 보시해야 하느니라.

여래께서는 '온갖 모습도 곧 어떤 모습이라고 할 실체가 있는 것이 아니다' 하고, 또 '모든 중생도 곧 중생이라고 할 어떤 실체가 있는 것이 아니다'라고 말씀하셨다.

수보리야, 여래께서는 참말을 하시는 분이며, 알찬 말을 하시는 분이며, 있는 그대로의 말을 하시는 분이며, 속이지 않는 말을 하시는 분이며, 틀린 말을 하시지 않는 분이시다.

수보리야, 여래께서 깨달으신 법, 이 법은 참된 것도 아니요 헛된 것도 아니니라.

수보리야, 만약 보살이 어떤 대상에 집착하여 보시한다면, 이는 어둠 속에 들어가 아무것도 보지 못하는 것과 같다.

만약 보살이 어떤 대상에 집착하지 않고 보시한다면, 이는 눈 밝은 사람이 환한 대낮에 온갖 사물을 보는 것과 같으니라.

수보리야, 오는 세상에 선남자 선여인이 이 경을 받아 지녀 읽고 외운다면, 여래께서 깨달음의 지혜로 이 사람들을 다 알고 보시니, 이들 모두는 헤아릴 수 없이 많은 공덕을 성취할 것이니라."

15

"수보리야, 어떤 선남자 선여인이 아침에 갠지스 강의 모래알 수만큼이나 많은 몸을 바쳐 보시하고, 낮에 또 갠지스 강의 모래알 수만큼이나 많은 몸을 바쳐 보시하며, 다시 저녁에도 갠지스 강의 모래알 수만큼이나 많은 몸을 바쳐 보시하며, 이와 같이 헤아릴 수 없이 많은 세월에 걸쳐 자신의 몸을 바쳐 보시하여도,

만약 어떤 사람이 이 경전의 가르침을 듣고서 믿는 마음이 일어나 거스르지 않고 그대로 따른다면, 이 복덕은 헤아릴 수 없이 많은 세월에 걸쳐 자신의 몸을 바쳐 보시한 복덕보다도 더 뛰어날 것인데, 하물며 이 경전을 쓰고 받아 지녀 읽고 외우면서 남을 위하여 그 뜻을 일러 주는 복덕이야 어찌 더 말할 필요가 있겠느냐.

수보리야, 요점을 말하자면 이 가르침에는 생각할 수도 없고 헤아릴 수도 없는 끝없이 많은 공덕이 있느니라.

여래께서는 '모든 중생과 함께 깨달음으로 가는 공부'에 마음을 낸 사람들을 위하여 이 가르침을 설하셨으며, '부처님의 세상으로 가는 최상승의 길'에서 마음을 낸 사람들을 위하여 이 가르침을 설하셨기 때문이다."

"만약 어떤 사람이 이 가르침을 받아 지녀 읽고 외우면서 널리 다른 사람들을 위하여 그 뜻을 일러 준다면, 여래께서는 이 사람들을 모두 알고 보시고 함께하시니, 이들 모두는 헤아릴 수 없고 그 끝을 알 수 없는 불가사의한 공덕을 성취할 것이니라.

이런 사람들은 여래의 '더할 나위 없이 높고도 올바른 깨달음'을 얻게 될 것이다.

왜냐하면 수보리야, 작은 것에 집착하여 좁은 소견을 지닌 사람들은 '나라는 생각에 집착하고, 남이라는 생각에 집착하며, 우리 중생이라는 생각에 집착하고, 또는 이들 모두의 생명이 영원할 것이라는 생각에 집착하고 있는 것'과 같으니, 이 경의 가르침을 듣고 받아 읽고 외워서 다른 사람들을 위하여 그 뜻을 일러 줄 수 없기 때문이다.

수보리야, 이 경전이 있는 곳은 어디든지, 온갖 세간에 있는 하늘의 신과 인간과 아수라가 이 가르침을 받들어 공양을 올릴 것이다. 마땅히 이곳을 부처님이 계시는 탑전으로 알고 공양하며 예를 올리면서 온갖 꽃과 향으로써 아름답게 장엄해야 하느니라."

16

"또한 수보리야, 이 경을 받아 지녀 읽고 외우는 선남자 선여인이 만약 다른 사람들에게 업신여김과 천대를 받는다면, 이 사람은 전생에 지은 죄업으로는 지옥 아귀 축생계로 떨어져야 하겠지만, 금생에 다른 사람들이 업신여기고 천대하였으므로 이 일로 전생에 지은 죄업이 소멸되어 높고도 올바른 깨달음을 얻게 되리라.

수보리야, 내가 과거 헤아릴 수 없이 많은 세월을 생각해 보니, 불꽃처럼 빛나는 연등 부처님을 만나 뵙기 전에도, 팔백사천만억 상상할 수도 없이 많은 부처님을 만나 그 부처님을 모두 다 공양하고 섬겼기에 헛되이 보낸 세월이 없었느니라.

만약 뒷날 부처님의 법이 쇠퇴할 때 어떤 사람이 이 경을 받아 지녀 읽고 외운다면, 이 사람이 얻는 공덕에 비해 내가 모든 부처님께 공양 올린 공덕은 그 백분의 일에도 미치지 못하고, 천만억분의 일에도 미치지 못하며, 더 나아가 어떤 숫자로 셈하거나 비유하더라도 미칠 수가 없느니라.

수보리야, 만약 선남자 선여인이 뒷날 부처님의 법이 쇠퇴할 때 이 경을 받아 지녀 읽고 외워서 얻는 공덕을 내가 모두 상세히 말한다면, 혹 어떤 사람들은 그 말을 듣고는 이해가 안 되어 마음이 몹시 어지러워 의심하며 믿지 않을 것이다.

수보리야, 마땅히 알아야 한다. 이 경의 뜻은 불가사의하며, 그 과보 또한 불가사의한 것이니라.”

17

그때 장로 수보리가 부처님께 사뢰어 물었다.

"세존이시여, '더할 나위 없이 높고도 올바른 깨달음'을 얻고자 마음을 낸 선남자 선여인은 어떻게 살아야 하며 어떻게 마음을 다스려야 합니까?"

부처님께서 장로 수보리에게 일러 말씀하셨다.

"만약 선남자 선여인이 '더할 나위 없이 높고도 올바른 깨달음'을 얻고자 한다면 이와 같은 마음을 내야 하니, '나는 온갖 중생을 남김없이 제도해야 하지만, 모든 중생을 남김없이 제도하고 나면 실로 제도한 중생은 하나도 없다'는 마음을 내어야 한다.

무엇 때문이겠느냐, 수보리야.

만약 보살이 '나라는 모습에 집착하고, 남이라는 모습에 집착하며, 나와 남들이 어울려 생겨나는 우리 중생이라는 모습에 집착하고, 또는 이들 모두의 생명이 영원할 것이라는 모습에 집착하는 것'이라면 이는 보살이 아니기 때문이니, 왜냐하면 수보리야, 실로 '깨달음을 얻게 할 법'이란 없기 때문이다.

수보리야, 그대는 어떻게 생각하느냐? 여래께서 불꽃처럼 빛나는 연등 부처님 처소에 계실 때에 '올바른 깨달음이란 법'을 얻은 것이 있겠느냐?"

"아닙니다, 세존이시여. 제가 부처님께서 말씀하신 뜻을 이해하

기로는 부처님께서 불꽃처럼 빛나는 연등 부처님의 처소에서 '올
바른 깨달음이란 법'을 얻은 것이 없습니다."

부처님께서 말씀하셨다.
"맞다, 맞는 소리이다. 수보리야, 실로 어떤 법이 있어 여래께서
'더할 나위 없이 높고도 올바른 깨달음'을 얻은 것이 아니니라.
수보리야, 만약 여래께서 '더할 나위 없이 높고도 올바른 깨달음'
을 어떤 실체가 있는 법으로써 얻은 것이라면, 불꽃처럼 빛나는 연
등 부처님께서 나에게 '그대는 오는 세상에 부처님이 되어 석가모
니라 불릴 것이다'라는 수기를 주시지 않았을 것이다.
실로 얻을 '더할 나위 없이 높고도 올바른 깨달음'이란 어떤 법도
없는 것이니, 이런 까닭에 불꽃처럼 빛나는 연등 부처님께서 나에
게 '그대는 오는 세상에 부처님이 되어 석가모니라 불릴 것이다'
말씀하시면서 수기를 주신 것이다.
왜냐하면 여래란 곧 모든 것이 모자라거나 남음이 없이 있는 그대
로 여여如如하다는 뜻이기 때문이다.
만약 어떤 사람이 '여래께서 더할 나위 없이 높고도 올바른 깨달음
을 얻었다'고 말하여도, 수보리야, 실로 부처님께서 얻은 깨달음
이라고 할 어떤 법도 없느니라.
수보리야, 여래께서 얻은 '더할 나위 없이 높고도 올바른 깨달음'
은 참된 것도 아니요 헛된 것도 아니다. 이런 까닭에 여래께서는
모든 법이 다 부처님의 법이라고 하느니라."

"수보리야, 모든 법은 곧 모두 실체가 있는 법이 아니므로, 이를 일러 모든 법이라 한다.

수보리야, 비유하면 사람의 몸이 참으로 큰 것과 같으니라."

장로 수보리가 부처님께 사뢰어 말하였다.

"세존이시여, 여래께서 사람의 몸이 참으로 크다고 말씀하시는 것은, 곧 어떤 실물로 나타나는 큰 몸이 아니기 때문에, 이를 일러 큰 몸이라 하는 것입니다."

"수보리야, 보살 또한 이와 같아서 만약 '내가 헤아릴 수 없이 많은 중생들을 남김없이 제도하리라' 말한다면, 곧 이는 보살이라 할 수 없다. 왜냐하면 수보리야, 실로 보살이라고 할 어떤 법도 없기 때문에 이를 일러 보살이라 한다.

이런 까닭에 부처님께서는 '모든 법에는 나라고 집착할 것이 없고, 남이라고 집착할 것이 없으며, 나와 남들이 어울려 생겨나는 우리 중생이라고 집착할 것이 없고, 이들 모두의 생명이 영원할 것이라고 집착할 것이 없다'고 말씀하신다.

수보리야, 보살이 만약 '내가 부처님의 국토를 장엄하리라' 말한다면 이를 일러 보살이라 할 수 없다. 왜냐하면 여래께서 '부처님의 국토를 장엄하리라' 말씀하신 것은 곧 어떤 실물로 장엄하는 것이 아니므로 이를 일러 장엄이라 하기 때문이다.

수보리야, 만약 보살이 '고정된 나라는 실체가 없어 집착할 어떤 법도 없다'라는 이치에 통달하였다면, 여래께서는 이를 일러 참다운 보살이라고 말씀하시느니라."

18

"수보리야, 그대는 어떻게 생각하느냐? 여래에게 '육신의 눈'이
있겠느냐?"
"그렇습니다, 세존이시여. 여래에게는 '육신의 눈'이 있습니다."

"수보리야, 그대는 어떻게 생각하느냐? 여래에게 '하늘의 눈'이
있겠느냐?"
"그렇습니다, 세존이시여. 여래에게는 '하늘의 눈'이 있습니다."

"수보리야, 그대는 어떻게 생각하느냐? 여래에게 '지혜의 눈'이
있겠느냐?"
"그렇습니다, 세존이시여. 여래에게는 '지혜의 눈'이 있습니다."

"수보리야, 그대는 어떻게 생각하느냐? 여래에게 '법의 눈'이 있
겠느냐?"
"그렇습니다, 세존이시여. 여래에게는 '법의 눈'이 있습니다."

"수보리야, 그대는 어떻게 생각하느냐? 여래에게 '부처님의 눈'이

있겠느냐?"

"그렇습니다, 세존이시여. 여래에게는 '부처님의 눈'이 있습니다."

"수보리야, 그대는 어떻게 생각하느냐? 저 갠지스 강에 있는 모든 모래알에 대해 부처님께서 말씀하신 적이 있었느냐?"

"그렇습니다, 세존이시여. 여래께서는 저 갠지스 강에 있는 모래알에 대해 말씀하신 적이 있습니다."

"수보리야, 그대는 어떻게 생각하느냐? 저 갠지스 강에 있는 모든 모래알 수만큼 많은 갠지스 강이 있고 또 그 모든 갠지스 강에 있는 모든 모래알 수만큼 많은 부처님의 세계가 있다면 이를 많다고 할 수 있겠느냐?"

"세존이시여, 참으로 많습니다."

부처님께서 장로 수보리에게 일러 말씀하셨다.

"저 국토 가운데 있는 모든 중생의 마음 하나하나를 여래께서는 낱낱이 다 아신다. 왜냐하면 여래께서 말씀하신 온갖 마음은 모두 실체가 있는 마음이 아니므로, 이를 일러 마음이라 하기 때문이다. 왜 그런가 하면 수보리야, 지나간 마음은 이미 없어져 얻을 수 없고, 현재의 마음은 잠시도 머물지 않아 얻을 수 없으며, 미래의 마음은 아직 오지를 않아 얻을 수 없기 때문이니라."

19

"수보리야, 그대는 어떻게 생각하느냐? 만약 어떤 사람이 있어 삼천대천세계를 일곱 가지 보배로 가득 채워 다른 사람들에게 베푼다면 이 사람은 그 인연으로 얻게 되는 복덕이 많겠느냐?"

"그렇습니다, 세존이시여. 이 사람은 그 인연으로 얻게 되는 복덕이 참으로 많습니다."

"수보리야, 만약 복덕이 실제로 있는 것이라면 여래께서는 복덕이 많다고 말씀하지 않았을 것이다. 복덕의 실체가 없는 까닭에 여래께서 복덕이 많다고 말씀하신 것이니라."

20

"수보리야, 그대는 어떻게 생각하느냐? '뛰어나게 아름다운 몸'으로 부처님을 볼 수 있겠느냐?"

"아니요 그렇지 않습니다, 세존이시여. 여래를 '뛰어나게 아름다운 몸'으로는 볼 수 없습니다. 왜냐하면 여래께서 말씀하는 '뛰어나게 아름다운 몸'은 어떤 실물로 있는 '뛰어나게 아름다운 몸'이 아니므로, 이를 일러 '뛰어나게 아름다운 몸'이라 하기 때문입니다."

"수보리야, 그대는 어떻게 생각하느냐? 서른두 가지 뛰어난 모습을 다 갖춘 것으로 여래를 볼 수 있겠느냐?"

"아닙니다, 세존이시여. 서른두 가지 뛰어난 모습을 다 갖춘 것으로 여래를 볼 수 없습니다. 왜냐하면 여래께서 말씀하신 서른두 가지 뛰어난 모습을 다 갖춘다는 것은, 어떤 실물로 서른두 가지 뛰어난 모습을 다 갖춘 것이 아니므로, 이를 일러 서른두 가지 뛰어난 모습을 다 갖춘 것이라 하기 때문입니다."

21

"수보리야, 그대는 여래께서 '내가 설한 법이 있다' 이렇게 생각한다고 짐작하여 말하지 말라. 이런 생각을 하지 말아야 하니, 왜냐하면 어떤 사람이 여래께서 말씀하신 법이 있다고 하면 이는 부처님을 비방하는 것이며, 내가 말한 것을 이해하지 못하고 있기 때문이다. 수보리야, 법을 설한다고 하는 것은 설할 만한 어떤 법도 없기에 이를 일러 법을 설한다고 하느니라."

그때 장로 수보리가 부처님께 사뢰어 말하였다.
"세존이시여, 오는 세상에서 중생들이 이 가르침을 듣고서 믿는 마음을 낼 수 있겠습니까?"

"수보리야, 그들은 '중생'이 아니며 '중생이 아닌 것'도 아니다. 무엇 때문이겠느냐, 수보리야. '중생중생'이라 하는 것은, 여래께서 '중생이 아닌 것', 이를 일러 '중생'이라 말씀하셨기 때문이니라."

22

장로 수보리가 부처님께 사뢰어 말하였다.
"세존이시여, 부처님께서 얻은 깨달음은 얻을 만한 어떤 법도 없는 것입니까?"

부처님께서 말씀하셨다.
"맞다, 맞는 말이다, 수보리야. 나는 깨달음에서 그 어떤 조그마한 법도 얻을만한 것이 없기 때문에, 이를 일러 '더할 나위 없이 높고도 올바른 깨달음'이라고 하느니라."

23

"또한 수보리야, 이 법은 평등하여 높고 낮은 것이 없으므로 이를 일러 '더할 나위 없이 높고도 올바른 깨달음'이라고 한다.
'나라는 생각도 없고, 남이라는 생각도 없으며, 우리 중생이라는 생각도 없고, 이들 모두의 생명이 영원하리라는 생각'도 없이 온 갖 좋은 법을 닦기 때문에 바로 '더할 나위 없이 높고도 올바른 깨달음'을 얻는다.

수보리야, 여기에서 말하는 좋은 법이란 여래께서 곧 어떤 실물로 나타나는 좋은 법이 아니라고 말씀하시므로, 이를 일러 좋은 법이라고 하느니라."

24

"수보리야, 삼천대천세계에 있는 거대한 수미산들을 모두 합쳐 놓은 것만큼 많은 일곱 가지 보배더미를 어떤 사람이 가져다 보시하더라도, 만일 다른 어떤 사람이 이 『금강경』이나 이 가르침 속에 있는 네 구절의 게송만이라도 받아 지녀 읽고 외워서 남에게 그 뜻을 일러 준 복덕에 비교한다면, 이 복덕에 비해 일곱 가지 보배더미를 보시하는 복덕은 백 분의 일에도 미치지 못하고, 백천만억 분의 일에도 미치지 못하며, 어떤 숫자로도 셈할 수 없고 어떤 비유로도 이 복덕에는 미치지 못할 것이니라."

25

"수보리야, 그대는 어떻게 생각하느냐? 그대들은 여래께서 '내가 중생을 제도하리라' 이렇게 생각한다고 짐작하여 말하지 말라. 수보리야, 이런 생각을 내지 말아야 하니 무엇 때문이겠느냐? 여래께서는 실로 한 중생도 제도할 중생이 없기 때문이다.

만약 여래께서 제도할 어떤 중생이 있다면 여래에게는 곧 '나라는 생각, 남이라는 생각, 우리 중생이라는 생각, 또는 이들 모두의 생명이 영원할 것이라는 생각'이 있는 것이다.

수보리야, 여래께서 '나'가 있다고 말씀하신 것은 곧 '어떤 고정된 실체로서 나가 있다는 것이 아닌데도, 범부들은 '나'가 있다고 여기기 때문이니, 수보리야, 범부라는 것도 여래께서 어떤 실체가 있는 범부가 아니라고 말씀하시므로 이를 일러 범부라고 하느니라."

26

"수보리야, 그대는 어떻게 생각하느냐? '서른두 가지 뛰어난 모습'으로 여래를 볼 수 있겠느냐?"

"그렇습니다, 세존이시여. '서른두 가지 뛰어난 모습'으로 여래를 볼 수 있습니다."

"수보리야, '서른두 가지 뛰어난 모습'으로 여래를 볼 수 있다면 전륜성왕도 곧 여래이겠구나.”
“세존이시여, 제가 부처님께서 말씀하신 뜻을 이해하기로는 ‘서
른두 가지 뛰어난 모습’만으로 여래를 볼 수 없습니다.”

그때 세존께서 게송으로 말씀하셨다.

　　모습으로 부처님을 보려 하거나
　　소리로써 부처님을 찾으려 하면
　　이 사람은 잘못된 길 가는 것이니
　　부처님을 볼 수 있는 인연 없으리.

27

“수보리야, 그대가 만약 ‘여래께서 뛰어나게 아름다운 모습을 다
갖추지 않았기 때문에 더할 나위 없이 높고도 올바른 깨달음을 얻
었다고 짐작하여 생각하고 있다면, 수보리야, 그대는 ‘여래께서 뛰
어나게 아름다운 모습을 다 갖추지 않았기 때문에 더할 나위 없이
높고도 올바른 깨달음을 얻었다 짐작하여 그렇게 생각하지 말라.
수보리야, 그대가 ‘더할 나위 없이 높고도 올바른 깨달음을 얻고
자 마음을 낸 사람은 온갖 법이 없어져 끊어진다고 말한다 그리
짐작하여 생각하고 있다면, 수보리야, 그대는 짐작하여 그렇게 생

각하지 말라. 왜냐하면 '더할 나위 없이 높고도 올바른 깨달음'을 얻고자 마음을 낸 사람은 어떤 법에서도 온갖 법이 끊어지고 사라진다는 모습을 말하지 않기 때문이다."

28

"수보리야, 만약 보살이 갠지스 강 모래알 수만큼 많은 세계를 일곱 가지 보배로 가득 채워 남에게 베풀더라도, 어떤 사람이 '모든 법에 나의 것이라고 할 어떤 고정된 실체가 없음'을 알아 참다운 지혜를 성취하면 이 보살의 복덕은 일곱 가지 보배를 베풀어 얻는 복덕보다도 훨씬 뛰어날 것이다. 왜냐하면 수보리야, 이런 보살은 모두 복덕을 받지 않기 때문이니라."

"세존이시여, 어찌하여 보살이 복덕을 받지 않는다고 말씀하십니까?"

"수보리야, 보살은 복덕을 지을 뿐 그 복덕에 탐을 내지도 않고 집착하지도 않으니, 이런 까닭에 복덕을 받지 않는다고 말하느니라."

29

"수보리야, 어떤 사람이 '여래께서 오기도 하고 가기도 하며 앉기도 하고 눕기도 한다고 말한다면, 그 사람은 내가 말한 뜻을 알지 못한 것이다.

왜냐하면 여래란 오는 바도 없고 가는 바도 없기 때문이니, 이를 일러 여래라고 하느니라."

30

"수보리야, 선남자 선여인이 삼천대천세계를 부수어 미세한 티끌로 만든다면 그대는 어떻게 생각하느냐? 이 티끌을 모아 놓은 것이 많지 않겠느냐?"

장로 수보리가 말하였다.

"참으로 많습니다, 세존이시여. 왜냐하면 이 티끌을 모아 놓은 것이 실로 있는 것이라면 부처님께서는 이 티끌을 모아 놓은 것이라고 말씀하지 않으셨을 것이기 때문입니다.

왜 그런가 하면 티끌을 모아 놓은 것이라고 부처님께서 말씀하신 것은, 어떤 실물로 있는 티끌을 모아 놓은 것이 아니므로 이를 일러 티끌을 모아 놓은 것이라 하는 것입니다.

세존이시여, 여래께서 말씀하신 삼천대천세계는 곧 실물로 있는 세계가 아니므로 이를 일러 세계라 하는 것입니다.

왜냐하면 세계가 실물로 있는 것이라면 곧 '하나로 합쳐진 모습'
에 집착하는 것이 있겠지만, 여래께서 말씀하신 '하나로 합쳐진
모습'은 곧 어떤 실물로써 '하나로 합쳐진 모습'이 아니므로 이를
일러 '하나로 합쳐진 모습'이라 하는 것입니다."

부처님께서 말씀하셨다.

"수보리야, '하나로 합쳐진 모습'이란 말할 수 있는 것이 아닌데도
다만 범부들이 그 현상을 탐내고 집착할 뿐이니라."

31

"수보리야, 만약 어떤 사람이 '부처님께서 나라는 생각, 남이라는
생각, 우리 중생이라는 생각, 또는 이들 모두의 생명이 영원할 것
이라는 생각을 말씀하셨다' 하면, 수보리야, 그대는 어떻게 생각
하느냐? 이 사람은 내가 말한 뜻을 알고 있겠느냐?"

"그렇지 않습니다, 세존이시여. 이 사람은 여래께서 말씀하신 뜻
을 알고 있지 못합니다.

왜냐하면 세존께서 말씀하신 '나라는 생각, 남이라는 생각, 우리
중생이라는 생각, 이들 모두의 생명이 영원할 것이라는 생각'은,

곧 '나라는 생각, 남이라는 생각, 우리 중생이라는 생각, 이들 모두의 생명이 영원할 것이라는 생각'이 아니므로, 이를 일러 '나라는 생각, 남이라는 생각, 우리 중생이라는 생각, 이들 모두의 생명이 영원할 것이라는 생각'이라 하는 것입니다."

"수보리야, '더할 나위 없이 높고도 올바른 깨달음'을 얻고자 마음을 낸 사람은, 모든 법에 대해 이와 같이 알아야 하고 이와 같이 보아야 하며 이와 같이 믿고 이해하여 '법의 어떤 모습'에도 집착하는 마음을 내지 않아야 한다.
수보리야, 여기서 말하는 '법의 어떤 모습'이란 여래께서 '법의 어떤 모습에도 실체가 있는 것이 아니다'라고 말씀하시니 이를 일러 '법의 어떤 모습'이라고 하느니라."

32

"수보리야, 어떤 사람이 헤아릴 수 없이 많은 세계에 일곱 가지 보배를 가득 채워 남에게 베풀더라도, 선남자 선여인이 보살의 마음을 내어 이 경이나 이 가르침 속에 있는 네 구절의 게송만이라도 받아 지녀 읽고 외우면서 다른 사람을 위하여 그 뜻을 일러 준다면, 이 복덕이 일곱 가지 보배로 베푼 복덕보다도 훨씬 더 뛰어날 것이니라. 어떻게 다른 사람을 위하여 그 뜻을 일러 줄 것인가.

어떤 모습도 취하지 않아야 본디 마음이 여여하여 흔들리지 않나
니 무엇 때문이겠느냐? 게송으로 말하겠다."

집착하는 모든 현실 꿈과 같으며
그림자나 허깨비와 물거품 같고
아침이슬, 번개처럼 사라지는 것
이와 같은 그 실상을 보아야 한다.

부처님께서 이 경전을 설해 마치시니, 장로 수보리와 모든 비구 비
구니 우바새 우바이들, 온갖 세간에 있는 하늘의 신들과 인간 아수
라 등이 부처님의 가르침을 듣고 모두 크게 기뻐하며 이를 믿고 받
들어 실천하였습니다.

육조 스님
금강경

1. 기원정사에서 법회가 열리던 날

_ 法會因由分

如是我聞

이와 같이 저는 들었습니다.

'여시如是'에서 '여如'는 이 경의 내용이 부처님의 가르침과 똑같다고 가리키는 뜻이요 '시是'는 이 뜻을 결정하는 말입니다. 아난이 스스로 "이와 같은 법을 저는 부처님께 들었습니다."라고 하는 것은 『금강경』이 자신의 설법이 아님을 밝히는 것이니, 그러므로 "이와 같이 저는 들었습니다.[如是我聞]"라고 말한 것입니다.[1]

또 '아我'란 성품이니, 이는 성품이 곧 '나'이기 때문입니다. 안팎으로 움직이며 짓는 일들은 이 성품으로 말미암은 것으로 이 모든 일들을 남김없이 다 들었기에 "저는 들었습니다."라고 한 것입니다.[2]

---

1. 如者는 指義요 是者는 定詞니라. 阿難이 自稱 如是之法 我從佛聞은 明不自說也니 故로 言 如是我聞이라.

2. 又 我者는 性也이니 性卽我也일새니라. 內外動作이 皆由於性이어 一切 盡聞일새 故稱 我聞

一時 佛 在舍衛國 祇樹給孤獨園 與大比丘衆 千二百五十人俱

부처님께서 사위국 기원정사에서 성스러운 비구 천이백오십 명과 함께 지내실 때였습니다.

'일시一時'는 스승과 제자가 다함께 모인 때를 말하는 것이고, '불佛'은 법을 설한 법주인 부처님을 말합니다. '재在'는 부처님이 계신 처소를 밝히려는 것이고, '사위국舍衛國'은 파사익왕이 다스리던 나라입니다.[1]

'기祇'는 기타태자의 이름이며 '수樹'는 기타태자가 시주한 숲이므로 이를 합쳐 '기수祇樹'라 말한 것입니다.[2]

'급고독給孤獨'은 수달장자의 다른 이름이고 '원園'은 본래 수달장자의 동산이었으므로 이를 합쳐 '급고독원給孤獨園'[3]이라 말한 것입니다.[4]

'불佛'은 범어인데 '각覺'이라 번역하니 각覺에는 두 가지 뜻이 있

也니라.

1. 言一時者 師資會遇齊集之時이고 佛者 是說法之主니라. 在者 欲明處所이고 舍衛國者 波斯匿王 所居之國이니라.

2. 祇者 太子名也이며 樹是祇陀太子所施일새 故言 祇樹라하니라.

3. 이곳은 본래 파사익왕의 태자 기타가 소유한 동산이었으나 급고독장자가 그 땅을 사서 석존께 바치고 태자는 그 동산에 있는 나무와 숲을 공양하였으므로 두 사람의 이름을 따라 '기수급고독원'이라 일컬었다.

4. 給孤獨者 須達長者之異名이고 園은 本屬須達일새 故言 給孤獨園이니라.

습니다. 하나는 '밖으로 깨닫는 것[外覺]'이니 모든 법이 공空임을
본 것이요, 또 하나는 '안으로 깨닫는 것[內覺]'이니 마음이 비어 고
요한 것임을 알아 육진에 물들지 않는 것입니다. 밖으로 다른 사람
의 나쁜 허물을 보지 않고, 안으로는 어리석고 삿된 것에 현혹되지
않으므로 이를 일러 '각覺'이라고 하니 '각覺'이 곧 '불佛'입니다.[1]

'여與'는 부처님께서 비구들과 함께 '금강반야무상도량金剛般若
無相道場'에 계셨으므로 '여與'라 말한 것입니다.[2]

'대비구大比丘'는 '대아라한大阿羅漢'을 말합니다. 비구는 범어인
데 '육적六賊'[3]을 타파할 수 있다는 뜻이므로 부처님의 출가제
자를 '비구比丘'라 한 것입니다.[4]

'중衆'은 많다는 뜻이요, '천이백오십인千二百五十人'은 비구들이
많다는 그 숫자이며, '구俱'는 같은 곳에서 함께 평등하게 법회에
참여한다는 말입니다.[5]

---

1. 佛者 梵語인데 唐言에 覺也이니 覺義 有二니라. 一者 外覺이니 觀諸法空이요 二者 內覺이
　니 知心空寂이어 不被六塵所染이라. 外不見 人之過惡하고 內不被 邪迷所惑할새 故名
　曰覺이니 覺卽佛也니라.
2. 與者 佛 與比丘 同住金剛般若無相道場일새 故言 與也니라.
3. 육적은 색·성·향·미·촉·법 여섯 가지 경계인 육진을 말하는데, 육진六塵이 안·이·
　비·설·신·의 육근六根을 매개로 하여 중생의 마음을 빼앗아 마음의 보배를 얻을
　수 있는 기회를 훔쳐가므로 육진을 도적에 비유한 것이다.
4. 大比丘者 是大阿羅漢故니라. 比丘者 是梵語인데 唐言 能破六賊이니 故로 名比丘니라.
5. 衆은 多也요 千二百五十人者 其數也이며 俱者 同處平等法會니라.

爾時 世尊 食時 着衣持鉢 入舍衛大城 乞食 於其城中 次第乞已 還至本處
飯食訖 收衣鉢 洗足已 敷座而坐

어느 날 이른 아침 가사를 수하신 세존께서 발우를 들고 사위성에
들어가 탁발하시며 차례대로 일곱 집에서 정성껏 올리는 공양물을
받고 다시 머물던 처소로 돌아와 공양을 드시고는 가사와 발우를 정
돈하신 뒤 발을 씻으시고는 자리를 펴고 앉으셨습니다.

'이시爾時'란 바로 이때를 말합니다. '식시食時'란 오전 7시부터 9시
사이니 부처님께 공양 올릴 때인 사시巳時가 가까워진 시간입니다.
'착의지발着衣持鉢'은 가르침을 드러내 보이기 위한 것입니다. '입
入'이란 성 바깥에서 성 안으로 들어간 것입니다. '사위대성舍衛大
城'은 '사위국의 풍덕성豊德成'으로 곧 파사익왕이 살고 있던 성이
므로 '사위대성'이라 말한 것입니다.[1]

'걸식乞食'이라 말한 것은 여래께서 모든 중생에게 마음을 낮추는
모습을 보여주신 것입니다. '차제次第'란 빈부를 가리지 않고 중생
들을 평등하게 교화하는 것입니다.[2]

'걸이乞已'란 탁발을 많이 하더라도 일곱 집을 넘지 않고, 일곱 집

---

1. 爾時者當此之時라. 食時者 是今辰時니 齋時欲至也니라. 着衣持鉢者 爲顯敎示迹故
   也니라. 入者 自城外而入也니라. 舍衛大城者 名舍衛國豊德城也니 卽波斯匿王所居
   之城일새 故言 舍衛大城也이니라.
2. 言乞食者 表如來 能下心 於一切衆生也니라. 次第者 不擇貧富하고 平等以化也니라.

에서 탁발하면 더 이상 다른 집으로 가지 않는 것을 말합니다.[1]

‘환지본처還至本處’는 부처님께서 모든 비구들에게 신도들의 초청이 있기 전에는 신도의 집에 가서는 안 된다는 규칙을 정하셨기에 그렇게 말한 것입니다.[2]

‘세족洗足’이란 여래도 똑같이 범부의 삶을 따르고 있음을 드러내기 위한 것입니다. 또 대승의 법에서는 손발을 씻는 것만으로 깨끗하다고 하지 않으며, 대개 손발을 씻는 것은 마음을 깨끗이 하는 것만 못하다고 말합니다. 한 생각에 마음이 깨끗해지면 곧 번뇌로 이루어진 죄가 모두 없어지기 때문입니다.[3]

여래께서 법을 설하려고 할 때는 늘 먼저 좌복을 펴고 앉으셨으므로 ‘부좌이좌敷座而坐’라 말한 것입니다.[4]

---

1. 乞已者 如多乞해도 不過七家니 七家數滿에 更不至餘家也니라.
2. 還至本處者 佛意制 諸比丘는 除請召外 不得輒向白衣舍故로 云爾니라.
3. 洗足者 如來示現 順同凡夫일새 故言 洗足이니라. 又 大乘法은 不獨以洗手足으로 爲淨이니 蓋言 洗手足 不若淨心이니라. 一念心淨하면 卽罪垢悉除矣일새니라.
4. 如來 欲說法時 常儀 敷施檀座일새 故言 敷座而坐也하니라.

2. 장로 수보리가 법을 청하다

_ 善現起請分

時 長老 須菩提 在大衆中 卽從座起 偏袒右肩 右膝着地 合掌恭敬 而
白佛言

그때 장로 수보리가 대중 가운데에서 일어나 오른쪽 어깨를 드러낸
차림으로 오른 무릎을 꿇으면서 두 손을 모아 합장하고 공경하는 마
음으로 부처님께 사뢰었습니다.

어떤 사람을 장로라 합니까? 덕이 높고 나이가 많은 분을 장로라
고 합니다. 수보리는 범어인데 '공의 도리를 잘 이해한다[解空]'는
뜻입니다.[1]

대중과 함께 앉아 있던 자리에서 일어나므로 '즉종좌기卽從座起'
라 말한 것입니다. 제자가 법문을 청할 때는 먼저 다섯 가지 예의
를 갖추어 행동해야 합니다. 첫째는 자리에서 일어나고, 둘째는
의복을 단정히 하며, 셋째는 오른쪽 어깨를 드러내고 오른쪽 무

---

1. 何名長老오. 德尊年高이니 故로 名長老니라. 須菩提 是梵語인데 唐言에 解空이니라.

릎을 땅에 붙이며, 넷째는 두 손 모아 합장하며 존안을 우러러 보고, 다섯째는 공손하게 질문해야 합니다.[1]

希有 世尊 如來 善護念 諸菩薩 善付囑 諸菩薩 世尊 善男子 善女人 發阿耨
多羅三藐三菩提心 應云何住 云何降伏其心
"참으로 경이롭고 희유하십니다, 세존이시여. 여래께서는 모든 보살들을 잘 보살펴 주시고 배운 가르침을 잘 실천하도록 격려하여 주십니다. 세존이시여! '더할 나위 없이 높고도 올바른 깨달음'을 얻고자 마음을 일으킨 선남자 선여인들은 어떻게 살아가야 하며 어떻게 마음을 다스려야 합니까?"

'희유希有'는 간략히 세 가지를 들어 말합니다. 첫째는 전륜성왕의 자리를 버리는 것이요, 둘째는 훤칠한 키와 황금빛 얼굴에 삼십이상 팔십종호를 갖추어 삼계에서 견줄 이가 없는 것이며, 셋째는 그 성품에 팔만사천 온갖 법을 마음대로 거두고 내놓기도 하여 삼신三身을 오롯하게 갖추는 것인데, 이 세 가지를 다 갖추고 있으므로 '희유希有'라고 말하는 것입니다.[2]

---

1. 隨衆所坐이니 故로 云 卽從座起니라. 弟子 請益에 先行五種儀라. 一者 從座而起하고 二者 端整衣服이며 三者 偏袒右肩 右膝着地하며 四者 合掌 瞻仰尊顔 目不暫捨하고 五者 一心恭敬 以伸問辭니라.
2. 希有는 略說三義니라. 第一希有는 能捨金輪王位요 第二希有는 身長丈六 紫磨金容 三十二相八十種好가 三界無比이며 第三希有는 能含吐八萬四千法이어 三身圓備인데 以具上三義일새 故로 云 希有也니라.

'세존世尊'이란 지혜가 삼계를 초월하여 따라갈 사람이 없고 덕이 높아 다시 더 비교할 덕이 없어 모든 중생이 다 공경하므로 세상에서 가장 높이 존경받아야 할 분이라는 뜻의 '세존'으로 부르는 것입니다.[1]

'호념護念'이란 여래께서 반야바라밀법으로 모든 보살들을 잘 보살펴 보호하려는 생각이요, '부촉附囑'이란 여래께서 반야바라밀법으로 모든 보살들에게 배운 가르침을 잘 실천하도록 당부하시는 것입니다.[2]

'선호념善護念'이라 말한 것은 공부하는 모든 사람들이 반야지혜로써 자신의 몸과 마음을 잘 보호하여, 헛되이 미워하고 좋아하는 마음을 일으켜 바깥 경계에 물들어 생사의 고통이 가득 차 있는 바다에 떨어지지 않게 하려는 것입니다. 자신의 마음에 생각 생각이 늘 올발라 삿된 마음이 일어나지 않게 하여 자성여래自性如來를 스스로 잘 보호하는 것입니다.[3]

---

1. 世尊者 智慧超三界하여 無有能及者이고 德高更無上이어 一切咸恭敬일새 故로 曰世尊이니라.
2. 護念者 如來 以般若波羅蜜法으로 護念諸菩薩이요 付囑者 如來 以般若波羅蜜法으로 付囑諸菩薩하니라.
3. 言善護念者 令諸學人이 以般若智로 護念自身心케하여 不令妄起憎愛하여 染外六塵이어 墮生死苦海케하니라. 於自心中에 念念常正이어 不令邪起케하여 自性如來를 自善護念이니라.

'선부촉善附囑'이란 앞생각이 맑고 깨끗한 것을 뒷생각까지 맑고 깨끗하게 잘 유지하도록 당부하는 것이니, 맑고 깨끗한 생각이 끊어질 틈이 없어야 '구경해탈究竟解脫'입니다. 여래께서 중생과 법회에 모인 대중이 늘 이런 삶을 실천하도록 자상하게 가르치시므로 '선부촉善附囑'이라 말하는 것입니다.[1]

'보살'은 범어인데 '도를 구하는 마음이 있는 중생[道心衆生]'이란 뜻이며 또한 '깨달은 중생[覺有情]'이라고도 합니다.[2]

여기서 '도 닦을 마음이 있다[道心]'는 것은, 늘 공경하는 마음으로 꿈틀거리는 미물까지도 널리 받들고 사랑하여 업신여기는 마음이 없는 것이므로 '보살'이라 한 것입니다.[3]

'선남자善男子'란 편안하고 고요한 마음이요 또한 올바른 선정을 말하니 모든 공덕을 성취할 수 있어 그 어디에도 걸림이 없는 마음입니다.[4]

'선여인善女人'이란 바른 지혜를 말하니 바른 지혜로써 온갖 유위

---

1. 言善付囑은 前念淸淨을 付囑後念淸淨하니 無有間斷이어야 究竟解脫이라. 如來 委曲誨示衆生 及在會之衆하여 當常行此하니 故로 云 善付囑也니라.

2. 菩薩은 是梵語인데 唐言에 道心衆生이며 亦云 覺有情이니라.

3. 道心者常行恭敬이어 乃至蠢動含靈까지라도 普敬愛之하여 無輕慢心이니 故로 名菩薩이니라.

4. 善男子者 平坦心也며 亦是正定心也니 能成就一切功德이어 所往無碍也니라.

와 무위의 공덕을 낼 수 있기 때문입니다.[1]

수보리가 묻기를 "세존이시여! 더할 나위 없이 높고도 올바른 깨달음을 얻고자 마음을 일으킨 선남자 선여인들은 어떻게 살아가야 하며 어떻게 그들의 마음을 다스려야 합니까?"라고 한 것은, 수보리가 모든 중생을 보니 조급하고 어지럽게 흔들리는 것이 마치 창문 틈 햇살에 비치는 티끌과도 같고, 요동치는 마음은 회오리가 이는 것처럼 생각 생각에 이어지면서 쉴 틈이 없는 것을 알고는 그런 마음을 다스리기 위하여 "수행을 하려면 어떻게 그들의 마음을 다스려야 합니까?"라고 질문한 것입니다.[2]

佛言 善哉善哉 須菩提 如汝所說 如來 善護念 諸菩薩 善付囑 諸菩薩 汝今諦聽 當爲汝說 善男子 善女人 發阿耨多羅三藐三菩提心 應如是住 如是降伏其心 唯然 世尊 願樂欲聞

부처님께서 말씀하셨다.

"참으로 잘 물었다, 수보리야. 그대의 말대로 여래께서는 모든 보살들을 잘 보살펴 주시고 배운 가르침을 잘 실천하도록 격려하여 주시느니라."

---

1. 善女人者 是正慧心也니 由正慧心으로 能出一切有爲無爲功德也니라.
2. 須菩提 問하되 一切發菩提心人 應云何住 云何降伏其心은 須菩提가 見一切衆生 躁擾不停 猶如隙塵 搖動之心 起如飄風 念念相續 無有間歇하고 爲令降伏故로 問하되 若欲修行하려면 如何降伏其心이오.

"이제 그대를 위하여 설하리니 잘 들어라. '더할 나위 없이 높고도 올바른 깨달음'을 얻고자 마음을 일으킨 선남자 선여인들은 이와 같이 살아야 하며 이와 같이 마음을 다스려야 할 것이니라."

"네, 세존이시여. 기쁜 마음으로 듣겠사옵니다."

이 대목은 부처님께서 수보리가 당신의 뜻을 잘 알아듣고 있음을 찬탄한 것입니다. 부처님께서 법을 설하려고 할 때, 항상 먼저 주의를 환기시켜 모든 청중이 고요해지도록 하기 때문에 "이제 그대를 위하여 설하리니 잘 들어라."라고 말씀하신 것입니다.[1]

'아뇩다라삼먁삼보리'를 번역하면 '아阿'는 '무無'요 '뇩다라耨多羅'는 '상上'이며 '삼三'은 '정正'이고 '먁藐'은 '변徧'이며 '보리菩提'는 '지知'라는 말이니, 이를 붙여 보면 '무상정변정지無上正徧正知'입니다.[2]

'무無'는 모든 번뇌가 없다는 뜻이고, '상上'은 삼계에서 견줄 수 있는 게 없다는 뜻이며 '정正'은 올바른 견해라는 뜻이고, '변徧'은 모든 것을 아는 지혜이며, '지知'는 모든 중생이 저마다 불성을 갖추고 있어 수행만 하면 다 성불할 수 있음을 안다는 뜻입니다.[3]

---

1. 是는 佛讚歎이니 須菩提가 善得我心 善知我意也니라. 佛欲說法에 常先戒勅하여 令諸 聽者 一心靜默케할새 故로 云 汝今諦聽하라 吾當爲說이라하시니라.
2. 阿之言은 無요 耨多羅之言은 上이며 三之言은 正이고 藐之言은 偏이며 菩提之言은 知 니라.

'불佛'이란 '최고로 맑고 깨끗한 반야바라밀[無上淸淨般若波羅蜜]'이니, 이런 까닭에 모든 선남자 선여인이 수행하려면 '최고의 깨달음인 도[無上菩提道]'를 알아야 하고 '최고로 맑고 깨끗한 반야바라밀법'을 알아야 이로써 그들의 마음을 다스린다는 것입니다.[1]

'유연唯然'이란 좋다고 허락하는 말입니다. '원요願樂'에서 '원願'은 부처님께서 널리 법을 설하여 중하근기가 모두 깨달을 수 있기를 바라는 것이요, '요樂'는 깊고 깊은 법을 즐겁게 듣는다는 뜻입니다. '욕문欲聞'은 부처님의 자비스러운 가르침을 간절히 바라는 모습입니다.[2]

---

3. 無者는 無諸垢染이고 上者는 三界無能比이며 正者는 正見也이고 偏者는 一切智也이며 知者는 知一切有情 皆有佛性이어 但能修行하면 盡得成佛이니라.

1. 佛者는 卽是無上淸淨般若波羅蜜也니 是以로 一切善男子善女人이 若欲修行이면 應知無上菩提道하고 應知無上淸淨般若波羅蜜多法하여야 以此로 降伏其心하니라.

2. 唯然者는 應諾之辭니라. 願樂者에서 願은 佛이 廣說하여 令中下根機 盡得開悟케함이요 樂者는 樂聞深法이니라. 欲聞者는 渴仰慈誨也니라.

3. 모습에 집착한다면 보살이 아니다

_ 大乘正宗分

佛告 須菩提 諸菩薩摩訶薩 應如是降伏其心 所有一切 衆生之類 若卵生 若胎生 若濕生 若化生 若有色 若無色 若有想 若無想 若非有想非無想 我 皆令入無餘涅槃 而滅度之

부처님께서 수보리에게 말씀하셨다.

"수보리야, 모든 보살마하살은 이와 같이 그들의 마음을 다스려야 하니, 온갖 중생들, 즉 알에서 태어난 중생, 모태에서 태어난 중생, 습기에서 태어난 중생, 생긴 모습을 바꾸어 태어난 중생, 형체가 있는 중생, 형체가 없는 중생, 분별이 있는 중생, 분별이 없는 중생, 분별이 있는 것도 아니고 없는 것도 아닌 중생 이 모두를 '번뇌가 다 사라진 열반에 들게 하여 제도해야겠다는 마음을 내야 하느니라.'"

앞생각도 맑고 깨끗하며 뒷생각도 맑고 깨끗한 것 이를 일러 '보살'이라 하고, 생각 생각이 보살행에서 물러나지 않아 중생 속에 있더라도 마음이 항상 맑고 깨끗한 것 이를 일러 '마하살'이라고 합니다.[1]

또 '늘 함께 기뻐하며 차별 없는 마음으로 베푸는 자비[慈悲喜捨]'
에서 온갖 방편으로 중생을 교화 인도하는 것 이를 일러 '보살'이
라 하고, 중생을 교화하면서도 나와 남이라는 분별이 없어 마음에
집착이 없는 것 이를 일러 '마하살'이라고 합니다. 모든 중생을 공
경함이 곧 그 마음을 다스리는 것입니다.[1]

'진眞'에 있는 것을 불변이라 하고 '여如'에 계합하는 것을 '불이不
異'라고 하니, 어떤 경계를 만나도 마음에 변하고 달라짐이 없음
을 '진여眞如'라고 합니다.[2]

또 이르기를 바깥도 거짓이 아님을 '진眞'이라 하는 것이요, 안으
로 마음이 어지럽지 않은 것을 '여如'라 하니, 생각 생각마다 조금
도 이런 마음에 어긋남이 없는 것을 '시是'라 합니다.[3]

'난생卵生'은 어리석은 성품이요 '태생胎生'은 습성대로 하는 성품
이고, '습생濕生'은 삿된 것을 따르는 성품이며 '화생化生'이란 자
기 생각만 고집하는 성품입니다. 난생은 어리석어 온갖 업을 짓고,
태생은 습성대로 하여 항상 윤회하며, 습생은 삿된 것을 따르므로

---

1. 前念淸淨하며 後念淸淨을 名爲菩薩하고 念念不退이어 雖在塵勞라도 心常淸淨을 名摩
   訶薩이라.
1. 又 慈悲喜捨 種種方便으로 化導衆生을 名爲菩薩하고 能化所化에 心無取着을 名摩訶
   薩이라. 恭敬一切衆生이 卽是降伏其心이니라.
2. 處眞을 名不變하고 契如를 名不異하니 遇諸境界해도 心無變異를 名曰眞이니라.
3. 亦云 外不假 曰眞이요 內不亂 曰如라하며 念念無差 曰是이니라.

마음이 안정되지 않고, 화생은 자기 생각만 고집하기에 온갖 나쁜 길로 떨어집니다.[1]

마음을 일으켜 마음을 닦으나 헛되이 옳고 그름을 판단하며 안으로 '시비 분별할 어떤 모습도 없는 무상無相'의 이치에 계합하지 못하는 것 이를 일러 '형체가 있는 중생[有色]'이라 합니다.[2]

안으로 곧은 마음을 지킨다고 중생들을 공양 공경하지 않고 다만 곧은 마음이 부처라고 여겨 복덕과 지혜를 닦지 않는 것 이를 일러 '형체가 없는 중생[無色]'이라 합니다.[3]

중도를 알지 못하고 눈과 귀로 보고 들은 것을 사유하여 어떤 법에 집착하여 입으로는 부처님의 행을 말하지만 마음으로는 실천하지 않는 것 이를 일러 '분별이 있는 중생[有想]'이라 합니다.[4]

어리석은 사람이 좌선하며 오로지 망념만 없애고 '늘 함께 기뻐

---

1. 卵生者 迷性也요 胎生者 習性也이고 濕生者 隨邪性也이며 化生者 見趣性也니라. 迷故로 造諸業하고 習故로 常流轉하며 隨邪로 心不定이고 見趣에 多淪墜니라.
2. 起心修心하고 妄見是非하며 內不契無相之理를 名爲有色이라.
3. 內心守直하여 不行恭敬供養하고 但見直心是佛하여 不修福慧를 名爲無色이라.
4. 不了中道하고 眼見耳聞에 心想思惟 愛着法相하여 口說佛行하나 心不依行을 名爲有想이라.

하며 차별 없는 마음으로 베푸는 자비로운 지혜방편'을 배우지 않아 나무나 바위처럼 아무런 행도 없는 것 이를 일러 '분별이 없는 중생[無想]'이라 합니다.[1]

유상有想 무상無想이라는 두 가지 법에 집착하지 않으므로 이를 일러 '분별이 있는 것도 아닌 중생[若非有想]'이라 하는 것이요, 이치를 구하는 마음이 있으므로 이를 일러 '분별이 없는 것도 아닌 중생[若非無想]'이라 합니다.[2]

번뇌에 그 차이가 많더라도 모두 때 묻은 마음이요 몸의 형태가 헤아릴 수 없이 많지만 모두 중생이라 하니, 여래께서는 크나큰 자비로 중생들을 두루 교화하여 모두 '번뇌가 다 사라진 열반[無餘涅槃]'에 들게 한 것입니다.[3]

'중생들을 남김없이 다 제도하신 것[而滅度之]'은 여래께서 모든 중생에게 저마다 열반묘심涅槃妙心이 있음을 가리켜 보여 줌으로써, 그들 스스로가 이것을 깨달아 '번뇌가 다 사라진 열반에 들어가게 하신 것입니다.[4]

---

1. 迷人은 坐禪하며 一向除妄하고 不學慈悲喜捨智慧方便하여 猶如木石 無有作用을 名爲無想이라.

2. 不着二法想故로 名若非有想이요 求理心在故로 名若非無想이니라.

3. 煩惱萬差라도 皆是垢心이요 身形無數나 摠名衆生이니 如來 大悲普化하여 皆令得入無餘涅槃也라.

4. 而滅度之者는 如來指示 三界九地衆生 各有涅槃妙心하여 令自悟入無餘케하니라.

'무여無餘'란 습기習氣나 번뇌가 없다는 말입니다. '열반'이란 오롯하게 맑고 깨끗하다는 뜻이니, 잘못 익힌 습기를 모두 다 없애 영원히 다시 생겨나지 않도록 해야 비로소 이에 계합하는 것입니다.[1]

'도度'란 생사의 큰 바다를 건너는 것입니다. 부처님의 마음이 평등하여 두루 모든 중생들과 함께 똑같이 '오롯이 맑고 깨끗한 번뇌가 다 사라진 열반[圓滿淸淨無餘涅槃]'에 들어 생사의 큰 바다를 건너 모든 부처님이 증득한 것과 똑같이 되기를 원하는 것입니다.[2]

어떤 사람이 비록 이치를 깨달아 닦더라도 '얻은 바가 있다는 생각'을 한다면 '아상我相'을 낸 것이니 이를 일러 '법아法我'라고 합니다. 법에 대한 '아상我相' 곧 '법아法我'조차 모두 없애야 비로소 이를 일러 '중생들을 남김없이 다 제도하신 것[滅度]'이라고 하는 것입니다.[3]

---

1. 無餘者는 無習氣煩惱也니라. 涅槃者는 圓滿淸淨義니 滅盡一切習氣하여 令永不生케 하여야 方契此也니라.

2. 度者는 渡生死大海也니라. 佛心이 平等하여 普願 與一切衆生 同入圓滿淸淨無餘涅槃 同渡生死大海 同諸佛所證也니라.

3. 有人이 雖悟雖修라도 作有所得心者는 却生我相이니 名爲法我니라. 除盡法我하여야 方名滅度也니라.

如是滅度 無量無數 無邊衆生 實無衆生 得滅度者

"이와 같이 헤아릴 수 없이 많은 중생을 제도하였지만 실로 제도된
중생은 하나도 없다."

'여시如是'는 앞의 법 '번뇌가 다 사라진 열반'을 가리키는 것이
요, '멸도滅度'는 '온갖 번뇌에서 다 풀려난 대해탈大解脫'을 말합
니다.[1]

'대해탈'이란 번뇌와 습기 및 모든 업장이 다 없어져 다시 더 남아
있는 것이 없는 것을 말합니다.[2]

헤아릴 수 없이 많은 중생은 원래 저마다 온갖 번뇌와 '탐욕과 성
냄과 어리석음'의 악업을 갖고 있으니, 이를 끊어 없애지 못한다
면 끝내 해탈할 수 없습니다.[3]

그러므로 "이와 같이 헤아릴 수 없이 많은 중생을 제도하였다."라
고 말씀하신 것입니다.[4]

---

1. 如是者는 指前法也요 滅度者는 大解脫也니라.
2. 大解脫者는 煩惱及習氣 一切諸業障이 滅盡하여 更無有餘일새 是名大解脫이니라.
3. 無量無數無邊衆生은 元各自有 一切煩惱 貪瞋惡業이니 若不斷除이면 終不得解
   脫이라.
4. 故로 言하되 如是滅度無量無數無邊衆生이니라.

어리석은 사람들도 자성을 깨달으면 비로소 '부처님께서는 자신의 모습을 보지 않고 자신이 지혜가 있다는 생각도 하지 않는데 어찌 일찍이 중생을 제도한 적이 있겠는가'라는 뜻을 알게 됩니다.[1]

다만 범부가 자신의 본마음을 보지 못하고 부처님의 뜻을 알지 못해, 온갖 모습에 집착하여 '번뇌가 사라져 달리 할 일이 없는 무위無爲'의 이치를 통달하지 못하여 나라는 모습에 집착하고 남이라는 모습에 집착하는 마음을 제거하지 못했으므로 이를 일러 '중생'이라 한 것입니다. 만약 이 병만 여읜다면 실로 제도된 중생은 하나도 없을 것입니다.[實無衆生 得滅度者][2]

그러므로 "허망한 마음이 없는 것이 곧 깨달음이요 생사와 열반이 본래 평등하다." 하고, 또 "여기에 어찌 제도할 중생이 있겠는가."라고 말하는 것입니다.[3]

---

1. 一切迷人도 悟得自性하면 始知이니 佛不見自相하고 不有自智이니 何曾度衆生이리오.
2. 秪爲凡夫 不見自本心하고 不識佛意하여 執着諸相 不達無爲之理하고 我人不除일새 是名衆生이니라. 若離此病하면 實無衆生 得滅度者니라.
3. 故로 言하되 妄心無處가 卽菩提요 生死涅槃이 本平等이라하고 又 何滅度之有리오.

何以故 須菩提 若菩薩 有我相 人相 衆生相 壽者相 則非菩薩

"왜냐하면 수보리야, 만약 보살이 나라는 모습에 집착하고, 남이라는 모습에 집착하며, 나와 남들이 어울려 생겨나는 우리 중생이라는 모습에 집착하고, 또는 이들 모두의 생명이 영원할 것이라는 모습에 집착한다면 이는 보살이 아니기 때문이다."

'중생'과 '불성'은 본디 다를 게 없는데 '사상四相' 때문에 '번뇌가 다 사라진 열반에 들어가지 못합니다. 사상四相이 있으면 중생이요 사상四相이 없으면 부처님입니다. 어리석으면 부처님도 중생이요 깨달으면 중생도 부처님입니다.[1]

어리석은 사람이 자신이 갖고 있는 재산이나 학문 또는 출신을 믿고 다른 사람을 업신여기는 것, 이를 일러 '아상我相'이라 합니다.[2]

비록 인의예지신仁義禮智信을 실천하더라도 지나친 자부심으로 사람들을 두루 공경하지 않고, "나는 인의예지신을 알고 실천한다."라고 말하면서 공경하는 마음이 없는 것, 이를 일러 '인상人相'이라 합니다.[3]

---

1. 衆生佛性 本無有異인데 緣有四相으로 不入無餘涅槃이라. 有四相이면 即是衆生이요 無四相이면 即是佛이니라. 迷하면 即佛是衆生이요 悟하면 即衆生是佛이니라.
2. 迷人이 恃有財寶學問族姓하여 輕慢一切人을 名我相이라.
3. 雖行仁義禮智信이더라도 而意高自負로 不行普敬하고 言 我解行仁義禮智信하며 不

좋은 일은 자신이 챙기고 나쁜 일은 다른 사람에게 돌리는 것, 이를 일러 '중생상衆生相'이라 합니다.[1]

어떤 경계에 대하여 취사분별取捨分別하는 것, 이를 일러 '수자상壽者相'이라 합니다. 이들 네 가지를 범부의 '사상四相'이라 합니다.[2]

수행자의 사상四相도 있습니다. 중생을 차별하여 업신여기는 것이 '아상我相'이요 자신은 계를 지킨다고 파계한 사람을 업신여기는 것 이를 '인상人相'이라 합니다.[3]

삼악도를 싫어하므로 하늘나라에 태어나기를 바라는 것은 '중생상衆生相'이요 오래 살고자 부지런히 복을 지으면서도 온갖 집착을 버리지 못하는 것은 '수자상壽者相'입니다. 이 네 가지 상이 있으면 곧 중생이요 이 네 가지 상이 없으면 곧 부처님입니다.[4]

合敬爾를 名人相이라.

1. 好事歸己하고 惡事施人을 名衆生相이라.

2. 對境取捨分別을 名壽者相이라. 是謂凡夫四相이니라.

3. 修行人 亦有四相이라 心有能所이어 輕慢衆生을 名我相이요 自恃持戒로 輕破戒者를 名人相이라.

4. 厭三塗故로 願生諸天은 是衆生相이요 心愛長年하여 而勤修福業해도 諸執不忘은 是壽者相이라. 有四相이면 卽是衆生이요 無四相이면 卽是佛이니라.

4. 얽매이는 마음이 없이 보시를 해야

_ 妙行無住分

復次 須菩提 菩薩 於法 應無所住 行於布施 所謂 不住色布施 不住聲香味
觸法布施

"또한 수보리야, 보살은 어떠한 대상에도 얽매이는 마음이 없이
보시해야 한다. 이른바 형색에 얽매이지 않으며, 소리·냄새·맛·
촉감·마음의 대상 그 어디에도 얽매이지 않는 마음으로 보시해야
하느니라."

'부차復次'란 앞의 내용을 이어서 뒤로 연결시키는 말입니다.[1]

범부의 보시는 다만 아름다운 외모와 오욕五欲의 쾌락을 구할 뿐
이므로, 그 과보가 다하면 삼악도에 떨어지는 것입니다.[2]

---

1. 言復次者 連前起後之辭니라.
2. 凡夫布施는 只求身相端嚴 五欲快樂故로 報盡에 卽墮三塗니라.

세존께서는 크나큰 자비로 '어떠한 것에도 집착이 없는 무상보시無相布施'를 실천하도록 가르치시니 아름다운 외모나 오욕五欲의 쾌락을 찾지 말아야 합니다.[1]

다만 안으로는 인색한 마음을 없애고 밖으로는 모든 중생에게 이익을 주도록 해야 하니, 이와 같이 하는 것이 '형색에 얽매이지 않는 보시'입니다.[2]

須菩提 菩薩 應如是布施 不住於相 何以故 若菩薩 不住相布施 其福德 不可思量

"수보리야, 보살은 이와 같이 보시하여 어떤 모습에도 얽매이지 않아야 하니 무슨 까닭이겠느냐? 만약 보살이 어떤 모습에도 얽매이지 않고 보시하면 그 복덕은 헤아릴 수 없을 만큼 크기 때문이다."

'어떠한 것에도 집착이 없는 무상보시無相布施'를 해야 한다는 것은, 베푼다는 마음도 없고 베푸는 시물施物도 보지 않으며 받는 사람도 분별하지 않는 것이니, 이것이 '어떠한 것에도 집착이 없는 보시'입니다.[3]

---

1. 世尊께서 大慈로 教行無相布施하니 不求身相端嚴 五欲快樂이라.
2. 但令內破慳心하여 外利益一切衆生이니 如是相應해야 是名不住色布施니라.
3. 應如無相心布施者는 爲無能施之心하고 不見所施之物하며 不分別受施之人이니 是不住相布施也니라.

보살이 보시할 때 바라는 마음이 없으면 얻는 복덕이 시방세계의 허공과 같아 헤아릴 수 없습니다.[1]

어떤 해석에서는 "보布는 '두루 하다'는 뜻이고 시施는 '사방으로 흩어버린다'는 뜻이다. 가슴에 있는 모든 망념, 습기, 번뇌를 싹 없애 사상四相도 끊어지고 마음에 아무 것도 남아 있지 않은 것이 참 보시다." 하고,

또 한편에서는 "보布는 보普이니 육진 경계에 집착하지 않고 또 분별이 없어 오직 언제나 맑고 깨끗한 데로 돌아가 온갖 법이 '공적空寂'인 줄 아는 것이다."라고 말하였습니다.[2]

만약 이 뜻을 알지 못하면 온갖 업만 더하니, 그러므로 모름지기 안으로는 탐애를 없애고 밖으로는 보시를 실천해 안팎이 상응하여야 헤아릴 수 없는 복덕을 얻게 될 것입니다.[3]

---

1. 菩薩 行施에 心無所希하면 其所獲福 如十方虛空이어 不可較量이니라.
2. 一說에 布者는 普也이고 施者는 散也라 能普散盡 胸中妄念習氣煩惱하여 四相泯絶이고 無所蘊積이 是眞布施라하고 又說에 布者는 普也니 不住六塵境界하고 又 不有漏分別이어 惟常返歸淸淨하여 了 萬法空寂이라.
3. 若不了此意하면 惟增諸業하니 故로 須內除貪愛하고 外行布施하여 內外相應하여야 獲福無量하리라.

다른 사람의 나쁜 행동을 보아도 그 허물을 보지 않아 분별을 일으키지 않는 것이 '이상離相'이요, 가르침대로 수행하여 '나와 남이라는 분별'이 없는 것이 곧 좋은 법입니다.[1]

수행자에게 '나와 남이라는 분별'이 있으면 좋은 법이라 할 수 없는 것이요, '나와 남이라는 분별'이 없어지지 않았다면 끝내 해탈할 수 없습니다.[2]

생각 생각에 늘 반야지혜를 실천해야 그 복덕이 헤아릴 수 없는 것입니다. 이와 같은 수행에 의지하면 인간과 하늘 신들이 모두 공양 공경하고 있는 것을 느낄 수 있으니, 이를 일러 복덕이라 합니다.[3]

항상 '어떠한 것에도 집착이 없는 보시'를 실천하여 널리 모든 중생들을 공경하면 그 공덕은 끝이 없어 헤아릴 수 없습니다.[4]

---

1. 見人作惡해도 不見其過이어 自性에 不生分別이 是爲離相이요 依敎修行하여 心無能所가 卽是善法이라.
2. 修行人이 心有能所하면 不名善法이요 能所心 不滅하면 終不得解脫이라.
3. 念念 常行般若智하여야 其福이 無量無邊이니라. 依如是修行하면 感得一切人天 恭敬供養이니 是名爲福德이라.
4. 常行不住相布施하여 普敬一切含生하면 其功德이 無有邊際이어 不可稱計也니라.

須菩提 於意云何 東方虛空 可思量不 不也 世尊

"수보리야, 그대는 어떻게 생각하느냐? 동쪽 허공의 크기를 헤아릴
수 있겠느냐?"

"헤아릴 수 없습니다, 세존이시여."

'어떠한 것에도 집착이 없는 보시'를 실천하여 얻은 공덕은 헤아
릴 수 없습니다.[1]

부처님께서 동방의 허공에 비유해 수보리에게 "동방의 허공을 헤
아릴 수 있겠느냐?"라고 묻습니다. 그러자 "못합니다. 세존이시
여.[不也世尊]"라고 답한 것은, 수보리가 동방의 허공을 생각으로
헤아릴 수 없는 것임을 말하고 있는 것입니다.[2]

---

1. 緣不住相布施하여 所得功德은 不可稱量이라.
2. 佛이 以東方虛空 爲譬喩하니 故로 問須菩提하시대 東方虛空을 可思量不아하니 不也世
   尊者는 須菩提 言 東方虛空을 不可思量이니라.

須菩提 南西北方 四維上下虛空 可思量不 不也 世尊 須菩提 菩薩 無住相
布施福德 亦復如是 不可思量 須菩提 菩薩 但應如所教住

"수보리야, 남쪽·서쪽·북쪽의 허공과 그 사이와 위아래에 있는 허공
의 크기를 헤아릴 수 있겠느냐?"

"헤아릴 수 없습니다, 세존이시여."

"수보리야, 보살이 어떤 모습에도 얽매이지 않고 보시하는 복덕도
이와 같아 그 크기를 헤아릴 수 없느니라. 수보리야, 보살은 오직 이와
같은 가르침대로 살아야 하느니라."

부처님께서 "허공은 끝이 없어 헤아릴 수 없다. 보살이 '어떠한 것
에도 집착이 없는 보시[無住相布施]'로 얻은 공덕도 허공과 같이 헤
아릴 수 없어 그 끝이 없느니라."라고 말씀하셨습니다.[1]

세계 가운데 가장 큰 것으로는 허공만한 것이 없는 것이요, 온갖
성품 가운데 큰 것으로는 불성보다 큰 것이 없습니다. 왜냐하면 형
상이 있는 것은 '크다'고 할 수 없기 때문입니다.[2]

허공은 형상이 없으므로 '크다'고 할 수 있습니다. 모든 성품에는
다 한정된 양이 있어 헤아릴 수 있기 때문에 '크다'고 할 수 없지

---

1. 佛言하시대 虛空 無有邊際이어 不可思度이라. 菩薩 無住相布施 所得功德도 亦如虛空
이듯 不可度量이어 無邊際也니라.

2. 世界中大者 莫過虛空이요 一切性中大者 莫過佛性이니라. 何以故오 凡有形相者 不
得名爲大이니라.

만, 불성은 한정되어 헤아릴 수 있는 것이 아니기에 '크다'고 할
수 있는 것입니다.[1]

이 허공에는 본래 동서남북이 없는 것인데, 동서남북을 헤아린다
면 그 역시 상相에 머물러 있는 것이므로 해탈할 수 없습니다.[2]

불성에 본래 아상·인상·중생상·수자상이 없는 것인데, 볼 수 있
는 사상四相이 있다면 곧 중생의 모습인지라 불성이라 이름 할
수 없으며, 이른바 또한 '상에 집착하는 보시[住相布施]'라 할 수
있습니다.[3]

허망한 마음에서 동서남북이 있다고 말하더라도 이치로 본다면
무엇이 있겠습니까.[4]

이른바 동쪽이나 서쪽이 참이 아닌데 남과 북인들 어찌 다르겠
습니까. 자성이 본래 공적이고 하나로서 분별이 없는 것이니 그
러므로 여래께서 '분별하는 마음을 내지 않는 것'을 깊이 찬탄하
고 있습니다.[5]

---

1. 虛空은 無形相故로 得名爲大니라. 一切諸性은 皆有限量일새 不得名爲大나 佛性은 無
   限量일새 故로 名爲大니라.
2. 此虛空中에 本無東西南北인데 若見東西南北이면 亦是住相이라. 不得解脫이니라.
3. 佛性은 本無我人衆生壽者인데 若有此四相可見이면 卽是衆生相이라 不名佛性이며
   亦所謂住相布施也니라.
4. 雖於妄心中에 說有東西南北이나 在理則 何有리오.

'응應'이란 따른다는 뜻입니다. 다만 위에서 말한 가르침을 따라 '집착이 없는 보시[無相布施]'를 실천한다면 곧 보살입니다.[1]

---

5. 所謂 東西不眞이라 南北曷異리오. 自性 本來空寂이고 混融無分別이니 故로 如來께서 深讚 不生分別也니라.

1. 應者는 順也라. 但順如上所說之敎하여 住無相布施하면 卽菩薩也니라.

5. 온갖 모습에서 참모습을 보면

_ 如理實見分

須菩提 於意云何 可以身相 見如來不 不也 世尊 不可以身相 得見如來 何
以故 如來所說身相 卽非身相

"수보리야, 그대는 어떻게 생각하느냐? '몸의 모양으로 여래를 볼
수 있겠느냐?'"

"볼 수 없습니다, 세존이시여. '몸의 모양으로 여래를 볼 수 있는 것이
아닙니다. 왜냐하면 여래께서 말씀하시는 '몸의 모양'은 '어떤 실물
로 나타난 몸의 모양이 아니기 때문입니다.'"

색신色身은 '모습이 있는 것'이요 법신法身은 '모습이 없는 것'입
니다. 색신은 지수화풍 사대四大가 서로 어울려 부모로부터 태어
난 것이니 '육신의 눈'으로 볼 수 있습니다.[1]

법신은 형상이 없어 청青·황黃·적赤·백白으로 드러나는 것이 아

---

1. 色身은 卽有相이요 法身은 卽無相이니라. 色身者는 四大和合이어 父母所生이니 肉眼所
見이라.

니므로 어떤 모양도 없어 '육신의 눈'으로 볼 수 있는 것이 아니요 '지혜의 눈'이라야 볼 수 있는 것입니다.[1]

범부는 단지 색신여래만 보고 법신여래를 보지 못하니, 법신은 허공과 같다고 생각할 수 있습니다.[2]

이 때문에 부처님께서 수보리에게 "몸의 모양으로 여래를 볼 수 있겠느냐?"라고 물으시니, 수보리가 범부는 단지 색신여래만 보고 법신여래는 보지 못한다는 것을 아는 까닭에 "볼 수 없습니다, 세존이시여. '몸의 모양으로 여래를 볼 수 있는 것이 아닙니다."라고 말하는 것입니다.[3]

색신은 '상相'이요 법신은 '성性'입니다. 모든 선악이 다 법신에서 비롯되지 색신에서 비롯되는 것이 아닙니다.[4]

법신이 악한 짓을 하면 색신이 좋은 곳에 태어나지 않고, 법신이 좋은 일을 하면 색신이 나쁜 곳에 떨어지지 않습니다. 범부는 오직 색신만 보고 법신을 보지 못하므로 무주상보시無住相布施를 실천

---

1. 法身者는 無有形段이어 非有靑黃赤白일새 無一切相貌이어 非肉眼能見이요 慧眼이라야 乃能見느니라.
2. 凡夫는 但見色身如來하고 不見法身如來하니 法身은 量等虛空이라.
3. 是故로 佛이 問須菩提하여 可以身相으로 見如來아하니 須菩提가 知凡夫 但見色身如來하고 不見法身如來일새 故로 言하되 不也 世尊 不可以身相 得見如來니라.
4. 色身은 是相이요 法身은 是性이라. 一切善惡이 盡由法身하지 不由色身하니라.

하지 못하고, 모든 곳에서 평등한 행을 실천하지 못하며, 모든 중생을 두루 공경할 수 없습니다. 법신을 보는 사람은 무주상보시를 실천하고 모든 중생을 두루 공경하며 반야바라밀행을 닦아 나갈 수 있습니다. 이에 바야흐로 모든 중생의 동일한 참성품은 본디 맑고 깨끗하여 번뇌가 없어 갠지스 강 모래알만큼이나 많은 오묘한 작용을 다 갖추고 있음을 믿어야 할 것입니다.[1]

佛告 須菩提 凡所有相 皆是虛妄 若見諸相非相 則見如來
부처님께서 수보리에게 말씀하셨다.
"존재하는 '온갖 모습'은 다 허망한 것이니, '온갖 모습'에서 '허망한 모습'이 아닌 '참모습'을 보면 곧 여래를 보느니라."

여래께서 법신을 나타내려고 "모든 모습이 다 허망하니, 모든 모습이 허망하여 진실하지 않음을 알면 곧 여래께 '어떠한 모습도 없다는 이치'를 본다."라고 말씀하신 것입니다.[2]

---

1. 法身이 若作惡하면 色身이 不生善處하고 法身이 作善하면 色身이 不墮惡處하니라. 凡夫는 唯見色身하고 不見法身일새 不能行無住相布施하고 不能於一切處에 行平等行하며 不能普敬一切衆生이라. 見法身者는 卽能行無住相布施하고 卽能普敬一切衆生하며 卽能修般若波羅蜜行하니라. 方信 一切衆生 同一眞性은 本來淸淨하여 無有垢穢이어 具足恒沙妙用이니라.

2. 如來께서 欲顯法身故로 說하니 一切諸相이 皆是虛妄이니 若悟一切諸相虛妄不實하면 卽見如來無相之理也라.

6. 참된 믿음을 낼 수 있겠습니까

_ 正信希有分

須菩提 白佛言 世尊 頗有衆生 得聞如是 言說章句 生實信不

장로 수보리가 부처님께 사뢰었다.

"세존이시여, 어떤 중생들이 이런 가르침을 듣고 참된 믿음을 낼 수 있겠습니까?"

수보리가 "이 법은 깊고 깊어 믿고 이해하기가 어렵습니다. 말세의 범부는 지혜가 없으니 어떻게 믿어 들어가겠습니까?"라고 묻습니다. 부처님의 답은 다음과 같습니다.[1]

佛告 須菩提 莫作是說 如來滅後 後五百歲 有持戒修福者 於此章句 能生信心 以此爲實 當知 是人 不於一佛二佛 三四五佛 而種善根 已於無量 千萬佛所 種諸善根 聞是章句 乃至 一念 生淨信者

---

1. 須菩提가 問 此法이 甚深하여 難信難解라 末世凡夫가 智慧微劣하니 云何信入이리오.
   佛答은 在下이니라.

부처님께서 수보리에게 말씀하셨다.

"그렇게 말하지 말라. 여래께서 열반하신 후 오백년 뒤에도 부처님 말씀대로 아름답게 계를 지키며 복을 짓고 사는 사람들은 이와 같은 가르침에 믿는 마음을 내리니 이로써 부처님의 세상으로 들어갈 것이니라.

그대는 마땅히 알아야 한다. 이 사람은 전생에 부처님 한 분, 두 분, 세 분, 네 분, 다섯 분에게만 선근을 심은 것이 아니라, 이미 헤아릴 수 없이 많은 부처님께 온갖 선근을 심었으므로 이와 같은 가르침을 듣고 한 생각에 맑고 깨끗한 믿음을 낼 것이니라."

부처님이 열반하시고 오백년이 지난 뒤에 어떤 사람이 '대승의 무상계無相戒'를 지녀 온갖 헛된 모습을 취하지 않아 생사의 업을 짓지 않고, 모든 삶 속에서 마음이 늘 공적이어 어떤 모습에도 얽매이지 않으면 곧 이것이 '집착이 없는 마음[無所住心]'입니다.[1]

이 사람은 여래의 깊은 법을 믿고 들어갈 수 있으니, 그의 말은 모두 진실하여 믿을 만합니다. 왜냐하면 이 사람은 일 겁, 이 겁, 삼, 사, 오 겁에 걸쳐 선근을 심었을 뿐만 아니라, 이미 헤아릴 수 없이 많은 천만억 겁에 걸쳐 모든 선근을 심었기 때문입니다.[2]

---

1. 於佛滅後 後五百歲 若復有人이 能持大乘無相戒하여 不妄取諸相이어 不造生死業하고 一切時中에 心常空寂이어 不被諸相所縛이면 卽是無所住心이라.
2. 於如來深法에 心能信入하리니 此人의 所有言說은 眞實可信이니라. 何以故오 此人은 不於一劫二劫三四五劫에 而種善根이라 已於無量千萬億劫에 種諸善根이니라.

그러므로 여래께서 "내가 열반한 뒤 오백년 후에도 상相을 여읠 수 있는 수행자가 있다면, 마땅히 알아야 한다. 이 사람은 전생에 부처님 한 분, 두 분, 세 분, 네 분, 다섯 분에게만 선근을 심은 것이 아니니라."라고 말씀하신 것입니다.[1]

무엇 때문에 온갖 선근을 심었다고 하는 것입니까? 간략히 설명해 보겠습니다. 이른바 모든 부처님 처소에서 정성껏 공양하고 가르침을 잘 따르며, 모든 보살과 선지식과 스승, 스님, 부모, 연세 많고 덕이 많은 어른들이 계신 처소에서 늘 공경 공양하여 높은 가르침을 받들어 그 뜻을 어기지 않는 것, 이를 일러 '온갖 선근을 심는 것'이라고 합니다.[2]

육도의 중생을 죽이지 않고, 속이거나 천하게 여기지도 않으며, 해치거나 욕하지도 않고, 등에 타거나 채찍질도 하지 않으며, 그 고기를 먹지 않고 모든 중생들에게 언제나 풍요로운 이익을 주는 것, 이를 일러 '온갖 선근을 심는 것'이라고 합니다.[3]

---

1. 是故로 如來께서 說하시되 我滅後 後五百歲 有能離相修行者면 當知하라 是人은 不於
   一二三四五佛에 種諸善根이니라.
2. 何名種諸善根이오. 略說次下하리라. 所謂 於諸佛所에서 一心供養하여 隨順敎法하며
   於諸菩薩 善知識 師僧父母 耆年宿德尊長之處에서 常行恭敬供養 承順敎命하여 不
   違其意를 是名種諸善根이니라.
3. 於六道衆生 不加殺害하고 不欺不賤하며 不毀不辱하고 不騎不箠하며 不食其肉하고
   常行饒益을 是名種諸善根이니라.

가난에 고통 받는 모든 중생들에게 자비심을 일으켜 가볍게 여긴다거나 싫어하는 마음을 내지 않고, 반드시 구하고 싶은 마음에서 주어진 역량에 따라 힘껏 은혜롭게 베푸는 것, 이를 일러 '온갖 선근을 심는 것'이라고 합니다.[1]

모든 악한 무리에게 부드럽고 참을성 있게 대하며 기쁜 마음으로 맞이하여 그들의 뜻을 거역하지 않으면서 그들이 기쁜 마음을 내어 사나운 마음을 쉬게 하는 것, 이를 일러 '온갖 선근을 심는 것'이라고 합니다.[2]

'믿음'이란 '반야바라밀'이 온갖 번뇌를 제거할 수 있음을 믿고, '반야바라밀'이 출세간의 온갖 공덕을 성취할 수 있음을 믿으며, '반야바라밀'이 모든 부처님을 나오게 할 수 있음을 믿고, 자신 스스로에게 갖추어진 불성이 본디 맑고 깨끗하여 오염된 것이 없으므로 모든 부처님의 성품과 평등하여 다를 게 없음을 믿으며, 육도 중생이 본래 어떠한 모습도 없음을 믿고, 모든 중생이 다 성불할 수 있음을 믿는 것이니, 이를 일러 '깨끗한 믿음'이라 합니다.[3]

---

1. 於一切貧苦衆生에 起慈愍心하여 不生輕厭하고 有所須求에 隨力惠施를 是名種諸善根이니라.
2. 於一切惡類에 自行和柔忍辱 歡喜逢迎 不逆其意하여 令彼發歡喜心케하여 息剛戾心을 是名種諸善根이니라.
3. 信心者란 信般若波羅蜜 能除一切煩惱하고 信般若波羅蜜 能成就一切出世功德하며 信般若波羅蜜 能出生一切諸佛하고 信自身中佛性 本來淸淨이어 無有染汚일새 與諸佛性 平等無二하며 信六道衆生이 本來無相이고 信一切衆生 盡能成佛이니 是名淨信心也니라.

須菩提 如來 悉知悉見 是諸衆生 得如是無量福德 何以故 是諸衆生 無復

我相 人相 衆生相 壽者相 無法相 亦無非法相

"수보리야, 여래께서는 이 모든 것을 다 아시고 다 보시니, 이 가르침을

믿는 중생들은 헤아릴 수 없는 무량복덕을 얻게 될 것이다.

무엇 때문이겠느냐? 이들 모든 중생은 다시는 '나라는 모습, 남이라

는 모습, 나와 남들이 어울려 생겨나는 우리 중생이라는 모습, 또는

이들 모두의 생명이 영원할 것이라는 모습'에 집착하지 않기 때문이

며, 법이라는 모습에도 집착하지 않고 법이 아니라는 모습에도 집착

하지 않기 때문이다."

어떤 사람이 여래가 멸한 뒤에 '반야바라밀'을 닦을 마음을 내어

반야바라밀행을 실천해서 깨달아 부처님의 깊은 뜻을 얻었다면

모든 부처님이 그것을 알지 못할 게 없습니다.[1]

어떤 사람이 '상승법上乘法'[2]을 듣고 정성껏 받아 지닌다면, 곧 반

야바라밀의 '시비 분별할 수 있는 온갖 모습이 사라진 무상無相'

'온갖 모습이 사라져 집착할 것이 없는 무착행無着行'을 실천하여

아상·인상·중생상·수자상 이 네 가지가 없음을 알 것입니다.[3]

---

1. 若有人이 於如來滅後 發般若波羅蜜心 行般若波羅蜜行 修習解悟하여 得佛深意者
   면 諸佛이 無不知之니라.
2. 바로 중생을 부처님의 세상으로 나아가게 하는 부처님의 가르침.
3. 若有人이 聞上乘法하고 一心受持하면 卽能行般若波羅蜜無相無着之行하여 了無我
   人衆生壽者四相하리라.

'아상이 없다는 것'은 '분별을 일으킬 마음 수상행식受想行識'이 없다는 것이요, '인상이 없다는 것'은 '지수화풍 사대四大로 이루어진 이 몸'은 실재하지 않아 끝내 뿔뿔이 지수화풍으로 흩어져 돌아간다는 것을 아는 것이며, '중생상이 없다는 것'은 시비 분별로 생멸하는 마음이 없다는 것이요, '수자상이 없다는 것'은 내 몸이 본래 없으니 여기에 어찌 목숨이라는 것이 붙어 있겠습니까.[1]

사상四相이 없다면 법을 보는 안목이 투철하고 밝아, 유有와 무無에 집착하지 않고 치우치는 견해를 멀리 떠나, 자기 마음에 있는 여래를 저절로 깨달아 영원히 번뇌 망상을 벗어나니, 자연스레 끝이 없는 복덕을 얻게 되는 것입니다.[2]

'무법상無法相'이란 개념과 모습을 뛰어넘어 문자에 구애받지 않는 것이요, 또한 '무비법상無非法相'이란 반야바라밀법이 없다고 말할 수 있는 것이 아니라는 것이니, 반야바라밀법이 없다고 말한다면 곧 이는 법을 비방하는 것입니다.[3]

---

1. 無我者는 無受想行識也요 無人者는 了四大不實이어 終歸地水火風也이며 無衆生者는 無生滅心也요 無壽者者는 我身이 本無어니 寧有壽者리오.
2. 四相이 卽無이면 卽法眼 明徹하여 不着有無하고 遠離二邊하여 自心如來를 自悟自覺하여 永離塵勞妄念하니 自然得福無邊하리라.
3. 無法相者란 離名絶相하여 不拘文字也요 亦無非法相者란 不得言 無般若波羅蜜法이니 若言無般若波羅蜜法이라하면 卽是謗法이니라.

何以故 是諸衆生 若心取相 則爲着我人衆生壽者 何以故 若取法相 則着
我人衆生壽者 若取非法相 卽着我人衆生壽者 是故 不應取法 不應取非
法 以是義故 如來常說 汝等 比丘 知我說法 如筏喩者 法尙應捨 何況非法

"왜냐하면 이 모든 중생들이 마음에 어떤 모습을 갖게 되면 곧 '나라
는 모습에 집착하고, 남이라는 모습에 집착하며, 나와 남들이 어울려
생겨나는 우리 중생이라는 모습에 집착하고, 또는 이들 모두의 생명
이 영원할 것이라는 모습에 집착하는 것'이 되기 때문이다.

무슨 까닭이겠느냐? 마음에 법이라는 모습을 갖게 되면 곧 '나라는
모습에 집착하고, 남이라는 모습에 집착하며, 나와 남들이 어울려
생겨나는 우리 중생이라는 모습에 집착하고, 또는 이들 모두의 생명
이 영원할 것이라는 모습에 집착하는 것'이 되기 때문이며,

법이 아니라는 모습을 갖게 되도 곧 '나라는 모습에 집착하고, 남이라
는 모습에 집착하며, 나와 남들이 어울려 생겨나는 우리 중생이라는
모습에 집착하고, 또는 이들 모두의 생명이 영원할 것이라는 모습에
집착하는 것'이 되기 때문이다. 이렇기 때문에 '법'이라는 모습도 갖
지 말아야 하며 '법 아닌 것'이라는 모습도 갖지 말아야 하느니라.
이런 뜻으로 여래께서는 늘 말씀하셨다.

'그대 비구들은 내가 말한 법이 뗏목 같은 줄 알아야 한다. 법조차
도 오히려 버려야 하거늘, 하물며 법 아닌 것이야 더 말할 필요가
있겠는가.'"

'이 세 가지 모습[相 法相 非法相]'을 취하면 모두 삿된 소견에 집착한 어리석은 사람이므로 경의 뜻을 깨닫지 못한 것입니다.[1]

그러므로 수행자는 '여래의 삼십이상'에 집착하지 말아야 하고, '반야바라밀법을 안다'고 말해서도 안 되며, 또한 '반야바라밀의 삶을 실천하지 않겠다'고 말하지도 않아야 성불할 수 있을 것입니다.[2]

'법法'이란 반야바라밀법이요, '비법非法'이란 천상에 태어나는 법입니다.[3]

반야바라밀법은 모든 중생으로 하여금 생사의 바다를 건너가게 하지만, 건너가서도 오히려 거기에 머물 것이 아닌데 어찌 천상에 태어나는 법에 즐거이 집착하겠습니까.[4]

---

1. 取此三相하면 並着邪見 盡是迷人일새 不悟經意니라.
2. 故로 修行人은 不得愛着 如來三十二相하고 不得言 我解般若波羅蜜法하며 亦不得言 不行般若波羅蜜行하여야 而得成佛하리라.
3. 法者란 是般若波羅蜜法이요 非法者란 生天等法이라.
4. 般若波羅蜜法은 能令一切衆生 過生死大海케하나 既得過已하여는 尚不應住인데 況 生天等法에 而得樂着이리오.

7. 얻을 수 있는 것도 아니고
   말할 수 있는 것도 아니며 _ 無得無說分

須菩提 於意云何 如來 得阿耨多羅三藐三菩提耶 如來有所說法耶 須菩
提言 如我解佛所說義 無有定法 名阿耨多羅三藐三菩提 亦無有定法 如
來可說

부처님께서 수보리에게 말씀하셨다.

"수보리야, 그대는 어떻게 생각하느냐? 여래께서 '더할 나위 없이
높고도 올바른 깨달음'을 얻었느냐? 여래께서 말씀하신 법이 있겠
느냐?"

장로 수보리가 말하였다.

"부처님께서 말씀하신 뜻을 제가 알기로는 '더할 나위 없이 높고도
올바른 깨달음'이라 할 만한 결정된 법이 없으며, 또한 여래께서 말씀
할 만한 정해진 법도 없습니다."

'아뇩다라삼먁삼보리'는 바깥에서 얻는 것이 아니니, 단지 '내 것'
이라는 마음만 없으면 됩니다. 다만 병에 따라 약을 주듯 형편에
따라 법을 설하니 어찌 결정된 법이 있겠습니까.[1]

여래께서는 "무상정법無上正法이란 마음에 본디 얻을 게 없는 것이고 또한 얻지 못한다고 말할 것도 아니다."라고 말씀하셨습니다. 다만 중생들의 소견이 같지 않으므로 여래께서 중생의 근기와 성품에 맞추어 갖가지 방편으로 이끌어 교화하여 온갖 집착에서 벗어나게 한 것입니다.[1]

또 모든 중생의 허망한 마음이 잠시도 멈추지 않고 생멸하며 경계를 좇아 움직이니, 앞생각이 갑자기 일어나면 뒷생각이 바로 깨닫고, 이 깨달음에도 머물지 않아 이를 보는 주체 또한 존재하지 않음을 보여주셨습니다. 그렇다면 여래께서 설하신 것이 어찌 결정된 법이 있어서 하신 것이겠습니까.[2]

'아阿'란 것은 마음에 망념이 없음이요, '뇩다라耨多羅'는 마음에 교만이 없는 것이며, '삼三'이란 마음이 항상 올바른 선정에 있는 것이요 '먁藐'이란 마음이 항상 올바른 지혜에 있는 것이며, '삼보리三菩提'는 마음이 늘 공적이어서 한 생각 범부의 마음이 단박 제거되면 곧 불성을 보는 것입니다.[3]

---

1. 阿耨多羅는 非從外得이니 但心無我所이면 卽是也니라. 祇緣對病設藥하여 隨宜爲說이니 何有定法乎아.

1. 如來께서 說하시되 無上正法이란 心本無得이고 亦不言不得이니라. 但爲衆生의 所見이 不同일새 如來 應彼根性하여 種種方便으로 開誘化導하여 俾其離諸執着케하니라.

2. 指示一切衆生의 妄心이 生滅不停하여 逐境界動이니 前念瞥起하면 後念應覺하고 覺旣不住이어 見亦不存하니라. 若爾라면 豈有定法爲如來可說也리오.

3. 阿者 心無妄念이요 耨多羅者 心無驕慢이며 三者 心常在正定이요 藐者 心常在正慧이며 三菩提者 心常空寂이어 一念 凡心頓除하면 卽見佛性也니라.

何以故 如來所說法 皆 不可取不可說 非法非非法

"무슨 까닭이겠습니까? 여래께서 말씀하신 법은 모두 취할 수 있는 것도 아니고 말할 수 있는 것도 아니며, 법도 아니고 법 아닌 것도 아니기 때문입니다."

사람들이 여래께서 설한 내용에 집착하여 '시비 분별할 어떤 모습도 없는 무상'의 이치를 깨닫지 못하고 헛되이 알음알이를 낼까 두려워 '취할 수 있는 것도 아니다[不可取]'고 말하는 것입니다.[1]

여래께서는 온갖 중생들을 교화하기 위하여 근기에 따라 중생의 분수에 맞추어 말씀하시니, 그 말씀에 또한 어찌 결정된 모습이 있겠습니까.[2]

공부하는 사람들이 여래의 깊은 뜻을 알지 못하고 다만 여래께서 설하신 교법을 외울 뿐, 본디 마음을 알지 못해 끝내 성불하지 못하므로 '말할 수 있는 게 아니다[不可說]'고 하는 것입니다.[3]

입으로만 외우고 마음으로 실천하지 않는다면 곧 '비법非法'이요, 입으로 외우고 마음으로 실천하여 '얻을 바가 없음[無所得]'을 알

---

1. 恐 人執着如來說文字長句하여 不悟無相之理하고 妄生知解일새 故로 言 不可取니라.
2. 如來께서 爲化種種衆生하여 應機隨量하니 所有言說에 亦何有定乎아.
3. 學人이 不解如來深意하고 但誦如來所說教法할뿐 不了本心이어 終不成佛하니 故로 言 不可說也니라.

면 곧 '비법이 아닌 것[非非法]'입니다.[1]

所以者何 一切賢聖 皆以無爲法 而有差別
"왜냐하면 현자와 성인은 모두 무위법으로써 여러 가지 모습을 드러
내고 있기 때문입니다."

삼승의 근기와 성품에서 아는 것이 달라 견해에 얕고 깊음이 있
으므로 '여러 가지 모습'이라 말합니다.[2]

부처님이 설하신 '번뇌가 사라져 달리 할 일이 없는 무위법無爲法'
이란 곧 '분별할 대상이 없어 집착할 일이 없는 무주無住'입니다.
'무주'는 '시비 분별할 어떤 모습도 없는 무상無相'이고 '무상'은 '시
비 분별을 일으킬 마음 자체가 없는 무기無起'이며 '무기無起'는 곧
'없애야 할 시비 분별의 마음 자체가 없는 무멸無滅'입니다.
탁 트여 공적한 마음에서 광명이 두루 비추고, 그 밝고 환한 빛이
온 세상과 하나가 되어 밝은 깨달음에 걸림 없는 것이 참으로 해탈
이요 부처님의 성품입니다. 부처님은 '깨달음'이고 '깨달음'은 '비
추어 보는 것'이며 '비추어 보는 것'은 '지혜'이니, '지혜'가 곧 '반야
바라밀다'입니다.[3]

---

1. 口誦心不行하면 卽非法이요 口誦心行하여 了無所得이면 卽非非法이니라.
2. 三乘根性에서 所解不同이어 見有淺深일새 故로 言 差別이니라.
3. 佛說無爲法者 卽是無住니 無住 卽是無相이고 無相 卽是無起며 無起 卽是無滅이니

8. 부처님과 깨달음이 모두 이 경에서 나오다

_ 依法出生分

須菩提 於意云何 若人 滿三千大千世界七寶 以用布施 是人 所得福德 寧

爲多不 須菩提言 甚多 世尊 何以故 是福德 卽非福德性 是故 如來 說福

德多

부처님께서 수보리에게 말씀하셨다.

"수보리야, 그대는 어떻게 생각하느냐?

만약 어떤 사람이 삼천대천세계를 일곱 가지 보배로 가득 채워 보시

한다면 이 사람이 얻는 복덕이 얼마나 많겠느냐?"

장로 수보리가 말하였다.

"참으로 많습니다, 세존이시여. 왜냐하면 이 복덕은 곧 복덕의 성품

이 아니니, 이 때문에 여래께서 복덕이 많다고 말씀하신 것입니다."

삼천대천세계에 일곱 가지 보배를 가득 채워 보시한다면 얻는 복
이 많더라도 참성품에는 하나도 이익 될 게 없습니다. 반야바라밀

라. 蕩然空寂하며 照用齊收이어 鑑覺無礙가 乃眞是解脫佛性이니라. 佛 卽是覺이고 覺
卽是觀照며 觀照 卽是智慧니 智慧는 卽是般若波羅蜜多니라.

다에 의지하여 수행하면서 자신의 성품을 온갖 집착에 떨어지지 않게 하면 이를 일러 '복덕의 참성품'이라 합니다.[1]

마음에 '나와 남이라는 분별'이 있으면 복덕의 참성품이 아니요, '나와 남이라는 분별'이 없어져야 이를 일러 복덕의 참성품이라 하는 것입니다.[2]

마음은 부처님의 가르침에 의지하고 행이 부처님의 행과 같다면 이를 일러 복덕의 참성품이라 하고, 부처님의 가르침에 의지하지 않고 부처님의 행을 실천하지 않는다면 이는 복덕의 참성품이 아닌 것입니다.[3]

若復有人 於此經中 受持 乃至 四句偈等 爲他人說 其福勝彼

"만약 어떤 사람이 이 경이나 이 가르침 속에 있는 네 구절의 게송만이라도 받아 지녀 다른 사람을 위하여 그 뜻을 일러 준다면 그 복덕은 삼천대천세계를 일곱 가지 보배로 가득 채워 보시한 복덕보다도 더 뛰어날 것이다."

---

1. 三千大千世界七寶로 持用布施하면 得福 雖多라도 於性上에 一無利益이라. 依摩訶般若波羅蜜多修行하여 令自性 不墮諸有케하면 是名福德性이니라.

2. 心有能所하면 即非福德性이요 能所心이 滅하여야 是名福德性이니라.

3. 心依佛教하고 行同佛行하면 是名福德性이요 不依佛教하고 不能踐履佛行하면 即非福德性이니라.

팔만대장경에 있는 모든 가르침의 큰 뜻이 다『금강경』네 구절 게송 안에 들어 있으니, 어찌 그러함을 알 수 있겠습니까. 모든 경전에서 네 구절 게송을 찬탄하는 것이 곧 마하반야바라밀다이기 때문입니다.[1]

마하반야를 모든 부처님의 어머니로 삼으니, 삼세 모든 부처님이 모두 이 경에 의지하여 수행해야 비로소 성불할 수 있기 때문입니다. 그러므로『반야심경』에서도 이르기를 "삼세 모든 부처님이 반야바라밀다에 의지하여 높고도 올바른 깨달음을 얻었다."라고 한 것입니다.[2]

스승에게 배우는 것을 '수受'라 하고, 뜻을 이해하고 수행해 나아가는 것을 '지持'라 합니다. 스스로 이해하고 실천하는 것이 '자리自利'요, 남을 위하여 법을 설해 주는 것은 '이타利他'이니 그 공덕이 크고 넓어 끝이 없는 것입니다.[3]

---

1. 十二部敎大意가 盡在四句之中이니 何以知其然고. 以諸經中에 讚歎四句偈 卽是摩訶般若波羅蜜多일새니라.
2. 以摩訶般若 爲諸佛母하니 三世諸佛이 皆依此經修行하여 方得成佛일새니라. 般若心經에도 云 三世諸佛이 依般若波羅蜜多이니 故로 得阿耨多羅三藐三菩提라.
3. 從師所學 曰受요 解義修行 曰持라. 自解自行은 是自利요 爲人演說은 是利他니 功德이 廣大하여 無有邊際니라.

何以故 須菩提 一切諸佛 及諸佛阿耨多羅三藐三菩提法 皆從此經出
"무슨 까닭이겠느냐, 수보리야.
시방세계 부처님과 그분들의 깨달음이 모두 이 가르침에서 나왔
기 때문이다."

'이 가르침[此經]'이란 이 한 권의 책만 가리키는 것이 아니라, 바
탕에서 작용하는 불성의 오묘한 이익이 끝없음을 드러내려는 것
입니다.[1]

'반야般若'는 '지혜智慧'입니다. '지智'는 올바른 방편을 쓴다는 의
미가 있고 '혜慧'는 방편으로 모든 의혹을 해소하여 끊어내는 것
이니 곧 모든 삶 속에서 '깨어 있는 마음[覺照心]'이 이것입니다.[2]

시방세계 부처님과 그분들의 깨달음이 다 '깨어 있는 마음'에서
나오므로 "이 가르침에서 나온다."라고 말하는 것입니다.[3]

---

1. 此經者 非指此一卷之文이라 要顯佛性 從體起用 妙利無窮이니라.
2. 般若者 卽智慧也라. 智는 以方便으로 爲功이요 慧는 以決斷으로 爲用이니 卽一切時中에
   覺照心이 是라.
3. 一切諸佛 及阿耨多羅三藐三菩提法이 皆從覺照中生일새 故로 云하기를 從此經出이
   니라.

須菩提 所謂佛法者 卽非佛法

"수보리야, 이른바 부처님의 법이라 집착한다면 그것은 부처님의 법이 아니니라."

여기서 말하는 모든 문자와 문장들은 표지나 손가락과 같으니, 표지와 손가락은 그림자나 메아리와 같다는 뜻입니다.[1]

표지를 통해 물건을 구별하고 손가락을 통해 달을 보는 것이지, 달은 손가락이 아니요 표지는 물건이 아닙니다.[2]

다만 '경經'에 의해 법을 배우지만 경은 법이 아니니, 경의 문장은 '육신의 눈'으로 볼 수 있으나 법은 '지혜의 눈'으로 볼 수 있는 것입니다.[3]

만약 '지혜의 눈'이 없는 사람이라면 다만 경의 문장만 볼 뿐 그 법은 보지 못합니다. 법을 보지 못하면 부처님의 뜻을 알지 못하니, 부처님의 뜻을 알지 못한다면 끝내 '불도佛道'를 이루지 못할 것입니다.[4]

---

1. 此說一切文字章句는 如標如指이니 標指者는 是影響之義라.
2. 依標取物하고 依指觀月하니 月不是指요 標不是物이니라.
3. 但依經取法하나 經不是法이니 經文은 卽肉眼可見이나 法은 卽慧眼能見이니라.
4. 若無慧眼者면 但見其經이니 不見其法이라. 若不見其法이면 卽不解佛意니 卽不解佛意라면 終不成佛道니라.

9. 하나 된 모습에서 그 모습조차 없어

_ 一相無相分

須菩提 於意云何 須陀洹 能作是念 我得須陀洹果不

"수보리야, 그대는 어떻게 생각하느냐? 욕망으로 살아가는 세계에
서 '나에 대한 집착' '계율과 의식에 대한 집착' '법에 대한 의심'이 끊어
져 성자의 흐름에 든 사람 수다원이 '나는 수다원의 지위를 얻었다'는
생각을 낼 수 있겠느냐?"

'수다원'은 범어인데 '거슬러 흐른다'는 뜻입니다. 생사의 흐름을
거슬러 육진에 물들지 않고 오로지 '무루업'¹을 닦아 거친 번뇌가
생겨나지 않고 지옥, 아귀, 축생 등의 몸을 받지 않으므로 이를 일
러 '수다원과'라 하는 것입니다.²

만약 '어떤 생각과 모습에도 집착하지 않는 법'을 밝게 통달하면
수다원과를 얻었다는 마음도 없으니, 조금이라도 수다원과를 얻

---

1. 무루란 번뇌가 없다는 뜻이다. 무루업은 번뇌가 없는 업이다.
2. 須陀洹者는 梵語인데 唐言에 逆流니라. 逆生死流이어 不染六塵하고 一向修無漏業하여
   得麤重煩惱不生이고 決定不受 地獄畜生 修羅異類之身일새 名須陀洹果니라.

었다는 마음이 있으면 곧 수다원이란 이름을 붙일 수 없으므로 "아닙니다.[不也]"라고 말하는 것입니다.[1]

須菩提言 不也 世尊 何以故 須陀洹 名爲入流 而無所入 不入色聲香味觸
法 是名須陀洹
장로 수보리가 말하였다.

"아닙니다, 세존이시여. 왜냐하면 수다원은 성자의 흐름에 들어갔다고 하지만 들어간 곳이 없기 때문입니다. 형색이나 소리·냄새·맛·촉감·마음의 대상 그 어디에도 들어가지 않았기 때문에 수다원이라 말하는 것입니다."

'류流'란 '성류聖流'란 뜻이니, 성자의 흐름에 들어갔다는 것입니다.[2]

수다원은 이미 거친 번뇌를 여읜 까닭에 성자의 흐름에 들어간 것이요, '들어간 바가 없다[而無所入]'는 것은 어떤 결과를 얻었다는 마음이 없다는 뜻입니다. 수다원이란 수행하는 사람이 공부하는 과정에서 처음 얻게 되는 '초과初果'를 말합니다.[3]

---

1. 若了無相法하면 卽無得果之心이니 微有得果之心이면 卽不名須陀洹일새 故로 言 不
   也니라.
2. 流者는 聖流也니라.
3. 須陀洹人은 已離麤重煩惱故로 得入聖流요 而無所入者는 無得果之心也니라. 須陀

須菩提 於意云何 斯陀含 能作是念 我得斯陀含果不 須菩提言 不也 世尊
何以故 斯陀含 名一往來 而實無往來 是名斯陀含

"수보리야, 그대는 어떻게 생각하느냐? 욕망으로 살아가는 세계에
서 '감각적 욕망'과 '성내는 마음'이 아직 조금 남아 있어 이를 없애기
위하여 욕망의 세계로 다시 한 번 더 돌아와야 할 사람 사다함이 '나는
사다함의 지위를 얻었다'는 생각을 낼 수 있겠느냐?"

장로 수보리가 말하였다.

"아닙니다, 세존이시여. 왜냐하면 사다함은 욕망의 세계로 다시 한
번 돌아와야 할 사람이라고는 하지만, 실로 돌아와야 할 곳이 없기
때문에 사다함이라 부르는 것입니다."

'사다함'은 범어인데 뜻은 '한 번 갔다 와야 할 사람'입니다. 삼
계[1]의 번뇌를 버려 삼계의 번뇌가 없으므로 사다함이라 하는 것
입니다.[2]

사다함을 '한 번 갔다 와야 할 사람'이라고 하는 것은, 인간의 모
습으로 죽어 천상에 태어나고 다시 천상에서 인간으로 태어나
인간 세계에서 생사를 벗어나야 삼계의 업이 다하므로 이를 일

洹者는 乃修行人의 初果也니라.

1. '삼계三界'는 우리 중생들이 사는 세상을 셋으로 나눈 욕계欲界·색계色界·무색계
  無色界를 말한다.

2. 斯陀含者는 梵語인데 唐言에 一往來니라. 捨三界結縛하여 三界結盡일새 故名斯陀含이
  니라.

러 '사다함과'라 하는 것입니다.[1]

대승의 사다함이란 모든 경계를 보되 마음에 한 번 태어나 한 번 죽는 것만 있고 다시는 생멸이 없으므로 이를 일러 '한 번 갔다 와야 할 사람'이라고 하는 것입니다.[2]

앞생각에서 망념을 일으키나 뒷생각에서 이를 그치고, 앞생각에서 집착이 있지만 뒷생각에서 이 집착을 떠나, 실로 다시 망념이 오고 갈 것이 없으므로 이를 일러 '사다함'이라 하는 것입니다.[3]

須菩提 於意云何 阿那含 能作是念 我得阿那含果不 須菩提言 不也 世尊
何以故 阿那含 名爲不來 而實無不來 是故 名阿那含
"수보리야, 그대는 어떻게 생각하느냐? 욕망으로 살아가는 세계에서 '나에 대한 집착', '계율과 의식에 대한 집착', '법에 대한 의심', '감각적 욕망'과 '성내는 마음'이 모두 끊어져 다시는 욕망의 세계로 되돌아오지 않을 사람 아나함이 '나는 아나함의 지위를 얻었다는 생각을 낼 수 있겠느냐?'"

---

1. 斯陀含을 名一往來者는 從人間死 卽生天上하고 從天上 却到人間生하여 更出生死 三界業盡일새 名斯陀含果니라.
2. 大乘斯陀含者는 目睹諸境에 心有一生一滅하고 無第二生滅일새 故名一往來니라.
3. 前念起妄하나 後念卽止하고 前念有着이나 後念卽離하여 實無往來일새 故曰斯陀含也 니라.

장로 수보리가 말하였다.

"아닙니다, 세존이시여. 왜냐하면 아나함은 욕망의 세계로 다시 오지 않을 사람이라고는 하지만, 실로 다시 오지 않을 곳이 없기 때문에 아나함이라 부르는 것입니다."

'아나함'은 범어로서 '다시 돌아오지 않는다[不還]'는 뜻이며, 또한 '욕계¹'를 벗어났다[出欲]'라고도 합니다. '욕계를 벗어났다[出欲]'라는 것은, 밖으로는 욕심낼 만한 경계를 보지 않고 안으로는 일으킬 욕심이 없어서, 반드시 욕계에 다시 태어나지 않을 것이므로 이를 일러 '다시 돌아오지 않는다[不來]'는 것입니다.²

그러나 실로 다시 돌아오지 않을 것도 없는 것이므로 이를 일러 또한 '다시 돌아오지 않는다[不還]'고 하니, 욕계에 익숙해 있는 번뇌가 영원히 없어져 다시는 욕계에 태어나지 않을 것이므로 이를 일러 '아나함'이라 하는 것입니다.³

---

1. '욕계'는 음욕淫欲이나 식욕食欲과 같은 세속의 욕망을 품고 사는 중생들의 세계이다. 지옥·아귀·축생·수라·인간세계, 육욕천六欲天을 이른다.

2. 阿那含은 梵語이니 唐言에 不還이며 亦名出欲이니라. 出欲者는 外不見可欲之境하고 內無欲心可得하여 定不向欲界受生일새 故名不來니라.

3. 而實無不來일새 亦名不還이니 以欲習이 永盡이어 決定不來受生일새 是故로 名阿那含也니라.

須菩提 於意云何 阿羅漢 能作是念 我得阿羅漢道不

"수보리야, 그대는 어떻게 생각하느냐? 마음속에 다툼이 없어 고요한 삶을 즐기는 아라한이 '나는 아라한의 도를 얻었다'는 생각을 낼 수 있겠느냐?"

모든 번뇌가 이미 다 없어져 다시 번뇌가 없으므로 이를 일러 '아라한'이라 합니다.[1]

'아라한'이란 번뇌가 영원히 다 없어져 다른 중생들과 다툴 일이 없는 것입니다. 만약 아라한과를 얻었다는 마음이 있으면 곧 다툼이 있으니, 다툼이 있다면 아라한이 아닙니다.[2]

須菩提言 不也 世尊 何以故 實無有法 名阿羅漢 世尊 若阿羅漢 作是念 我得阿羅漢道 卽爲着我人衆生壽者

장로 수보리가 말하였다.

"아닙니다, 세존이시여. 왜냐하면 실로 아라한이라고 할 만한 법이 없기 때문입니다.

세존이시여, 만약 아라한이 '나는 아라한의 도를 얻었다'는 생각을 내면 이는 곧 '나라는 모습에 집착하고, 남이라는 모습에 집착하며,

---

1. 諸漏已盡하여 無復煩惱일새 名阿羅漢이라.
2. 阿羅漢者는 煩惱永盡하여 與物無諍이니라. 若有得果之心하면 卽是有諍이니 若有諍이면 非阿羅漢이니라.

나와 남들이 어울려 생겨나는 우리 중생이라는 모습에 집착하고, 또는 이들 모두의 생명이 영원할 것이라는 모습에 집착하는 것'이기 때문입니다."

'아라한'은 범어인데 '다툼이 없다[無諍]'는 뜻입니다.[1]

'무쟁無諍'이란 끊어야 할 번뇌가 없고 여의어야 할 '탐욕과 성냄과 어리석음'도 없으며 어긋난다거나 따른다는 분별심도 없습니다.[2]

마음과 경계가 다 공空이어서 안팎이 늘 고요한 것 이를 일러 '아라한'이라 하는 것입니다.[3]

만약 아라한과를 얻었다는 마음이 있다면 곧 범부와 같은 것이니, 그러므로 "그렇지 않습니다.[不也]"라고 말하는 것입니다.[4]

---

1. 阿羅漢은 梵語인데 唐言에 無諍이라.
2. 無諍者 無煩惱可斷이고 無貪瞋可離이며 情無違順이라.
3. 心境俱空이어 內外常寂을 是名阿羅漢이니라.
4. 若有得果之心이면 卽同凡夫일새 故로 言 不也니라.

世尊 佛說 我得無諍三昧 人中最爲第一 是第一離欲阿羅漢

"세존이시여, 부처님께서 저를 '다툼이 없는 무쟁삼매를 얻은 사람 가운데 최고'라고 하시니, 이는 '온갖 욕망을 떠난 으뜸가는 아라한' 이라 말씀하신 것입니다."

무엇을 '무쟁삼매無諍三昧'라 합니까?[1]

아라한은 생멸하는 시비 분별로 오고 가는 마음이 없고 오직 본 각이 늘 비추고 있을 뿐이므로 이를 '다툼이 없는 무쟁삼매'라고 하는 것입니다.[2]

'삼매'는 범어인데 뜻은 '고요한 마음에서 온갖 경계를 있는 그대 로 받아들이는 정수正受'라 하고 또한 '고요한 마음에서 온갖 경 계를 있는 그대로 아는 정견正見'이라 합니다. 95종의 삿된 소견 을 멀리 벗어나는 것, 이를 일러 '정견'이라 합니다.[3]

그러나 허공에 밝음과 어둠의 다툼이 있고 성품에는 사邪와 정正 의 다툼이 있으니, 생각 생각이 언제나 올발라 어떤 삿된 생각도 없는 것, 이것이 '다툼이 없는 무쟁삼매'입니다.[4]

---

1. 何名無諍三昧오.
2. 謂阿羅漢은 心無生滅去來이고 唯有本覺常照일새 故로 云 無諍三昧니라.
3. 三昧는 是梵語인데 唐言에 正受며 亦云 正見이라. 遠離九十五種邪見을 是名正見也 니라.

'아라한'이란 이 삼매를 닦아 수행자 가운데 으뜸가는 사람이니, 만약 한 생각이라도 아라한과를 얻었다는 마음이 있다면 '다툼이 없는 무쟁삼매'라 할 수 없습니다.[1]

世尊 我 不作是念 我是離欲阿羅漢 世尊 我 若作是念 我得阿羅漢道 世尊 則不說 須菩提 是樂阿蘭那行者 以須菩提 實無所行 而名須菩提 是樂阿 蘭那行

"세존이시여, 그러나 저는 제가 '온갖 욕망을 떠난 아라한'이라는 생각을 하지 않습니다. 세존이시여, 제가 만약 '나는 아라한의 도를 얻었다' 하면, 세존께서 '수보리는 마음속에 다툼이 없어 고요한 삶을 즐기는 사람'이라고 말씀하시지 않았을 것입니다. 제가 실로 그런 생각이 없기 때문에 '수보리는 마음속에 다툼이 없어 고요한 삶을 즐기는 사람'이라고 말씀하시는 것입니다."

'아란나'는 범어인데 '다툴 일이 없는 삶[無諍行]'이라는 뜻입니다.[2]

'다툴 일이 없는 삶[無諍行]'이라는 것은 '맑고 깨끗한 행'입니다.

---

4. 然이나 空中에 有明暗諍이고 性中에 有邪正諍이니 念念 常正이어 無一念邪心이 卽是無 諍三昧라.

1. 修此三昧하여 人中에 最爲第一이니 若有一念得果之心이면 卽不名無諍三昧니라.

2. 阿蘭那는 是梵語인데 唐言에 無諍行이니라.

'맑고 깨끗한 행'이란 '어떤 대상을 시비 분별하는 마음'을 없앤 것이니, '어떤 대상을 시비 분별하는 마음'이 있다면 곧 다툼이 있는 것이요, 다툼이 있으면 맑고 깨끗한 도가 아닙니다.[1]

언제나 '어떤 대상을 시비 분별하는 마음'이 없이 산다면 곧 이것이 '다툴 일이 없는 삶[無諍行]'입니다.[2]

---

1. 無諍行은 即是淸淨行이라. 淸淨行者 爲除去有所得心也니 若存有所得心이면 即是有諍이요 有諍이면 即非淸淨道니라.
2. 常行無所得心이라면 即是無諍行이니라.

10. 부처님의 국토를 장엄한다는 것은

_ 莊嚴淨土分

佛告 須菩提 於意云何 如來 昔在燃燈佛所 於法 有所得不 不也 世尊 如來
在燃燈佛所 於法實無所得

부처님께서 수보리에게 말씀하셨다.

"그대는 어떻게 생각하느냐? 여래가 옛날, 불꽃처럼 빛나는 연등 부
처님이 계신 곳에서 얻은 법이 있겠느냐?"

"아닙니다, 세존이시여. 여래께서는 불꽃처럼 빛나는 연등 부처님
이 계신 곳에서 실로 얻은 법이 없습니다."

부처님께선 수보리가 '여래께서 법을 얻었다'는 마음을 가질까
걱정이 되어 이런 의심을 없애기 위하여 묻자, 수보리가 '법에 얻
을 바 없음'을 알고 부처님께 "아닙니다."라고 답변합니다.[1]

---

1. 佛 恐 須菩提가 有得法之心일까하여 爲遣此疑故로 問之하자 須菩提가 知法無所得하고
   而白佛言하되 不也니라.

'불꽃처럼 빛나는 연등 부처님[然燈佛]'은 석가모니부처님께 수기를 준 스승이시므로, 수보리에게 "내가 불꽃처럼 빛나는 연등 부처님이 계신 곳에서 얻은 법이 있겠느냐?"라고 묻자, 수보리는 곧 "법이란 스승을 통해 가르침을 받는 것이지만 실로 얻은 법이 없습니다."라고 합니다.[1]

다만 자성이 본래 청정하여 본디 번뇌가 없이 고요하면서도 늘 비추고 있음을 깨닫기만 하면 곧 스스로 성불하는 것이니, 마땅히 알아야 합니다. 세존께서는 불꽃처럼 빛나는 연등 부처님 처소에서 실로 얻은 법이 없습니다.[2]

'여래의 법'이란 비유하면 마치 밝게 빛나는 햇빛이 한도 끝도 없이 세상을 비추지만 그 빛을 가질 수 없는 것과 같습니다.[3]

---

1. 然燈佛은 是釋迦牟尼佛의 授記之師라 故로 問須菩提하되 我於師處聽法에 有法可得不아하자 須菩提는 卽謂法卽因師開示나 而實無所得이라.
2. 但悟 自性本來淸淨하여 本無塵勞이어 寂而常照하면 卽自成佛이니 當知하라. 世尊 在然燈佛所에서 於法에 實無所得也라.
3. 如來法者 譬如日光明照이어 無有邊際이나 而不可取니라.

須菩提 於意云何 菩薩 莊嚴佛土不 不也 世尊 何以故 莊嚴佛土者 卽非莊
嚴 是名莊嚴

"수보리야, 그대는 어떻게 생각하느냐? 보살이 부처님의 국토를 장
엄하겠느냐?"

"아닙니다, 세존이시여. 왜냐하면 부처님의 국토를 장엄한다는 것
은 곧 어떤 실물로 장엄하는 것이 아니기 때문에 이를 일러 장엄한
다고 하는 것입니다."

불국토는 맑고 깨끗하여 어떤 모습도 없는 것인데 무엇으로 장
엄할 수 있겠습니까. 오직 선정과 지혜라는 보배로써 장엄하는
것을 일러 임시로 장엄이라 이르는 것입니다.[1]

장엄에 세 가지가 있으니, 첫째는 세간이라는 불국토를 장엄하
는 것이니 절을 짓고 사경하며 보시 공양하는 것이요, 둘째는 몸
이라는 불국토를 장엄하는 것이니 모든 사람을 보고 빠짐없이
두루 공경하는 것이며, 셋째는 마음이라는 불국토를 장엄하는
것이니 마음이 깨끗하면 곧 불국토가 깨끗해지므로 생각 생각에
늘 집착이 없는 마음을 실천하는 것입니다.[2]

---

1. 佛土淸淨하여 無相無形인데 何物로 而能莊嚴耶아. 唯以定慧之寶로 假名莊嚴이니라.
2. 莊嚴이 有三하니 第一莊嚴 世間佛土니 造寺寫經 布施供養이 是也요 第二莊嚴 身佛
   土니 見一切人에 普行恭敬이 是也요 第三莊嚴 心佛土니 心淨이면 卽佛土淨일새 念念
   常行無所得心이 是也니라.

是故 須菩提 諸菩薩摩訶薩 應如是生淸淨心 不應住色生心 不應住聲香
味觸法生心 應無所住而生其心
"그러므로 수보리야, 모든 보살마하살은 이처럼 맑고 깨끗한 마음을
쓰며, 형색에도 얽매이지 말고, 소리·냄새·맛·촉감·마음의 대상에
도 얽매이지 말아야 하니, 그 어디에도 집착하지 말아야 하느니라."

모든 수행자는 다른 사람의 옳고 그름을 말해서는 안 됩니다. 스
스로 "나는 능력이 있고 잘 안다."라고 말하며, 배우지 못한 사람
들을 가볍게 여긴다면 이는 맑고 깨끗한 마음이 아닙니다.[1]

자신의 성품에서 늘 지혜롭고 평등한 자비를 실천하여 자신을
낮추는 마음으로 모든 중생을 공경하는 것이야말로 수행자의 맑
고 깨끗한 마음입니다.[2]

만약 스스로 마음을 깨끗하게 하지 못하고 청정한 곳에 집착하
여 머문다면 곧 법에 집착하는 모습입니다. 색을 보고 집착하여
머무는 마음은 어리석은 사람의 것이요, 색을 보되 색을 떠나 색
에 머물지 않는 마음은 깨달은 사람의 것입니다. 색에 머물러 마
음을 내는 것은 구름이 하늘을 가리는 것과 같고, 색에 머물지 않
고 마음을 내는 것은 허공에 구름이 없어 해와 달이 환히 비추는

---

1. 諸修行人은 不應說他是非니라. 自言 我能我解라하며 心輕未學하면 此非淸淨心也니라.
2. 自性에 常生智慧 行平等慈하여 下心恭敬一切衆生이야말로 是修行人 淸淨心也니라.

것과 같습니다. 색에 머물러 마음을 내는 것은 망념이요, 색에 머물지 않고 마음을 내는 것은 참다운 지혜입니다.[1]

망념이 일어나면 어두운 세상이요, 참다운 지혜가 비추면 밝은 세상입니다. 밝은 세상에서는 번뇌가 생겨나지 않는 것이요, 어두운 세상에서는 육진 경계가 다투어 일어나는 것입니다.[2]

須菩提 譬如有人 身如須彌山王 於意云何 是身爲大不 須菩提言 甚大 世尊 何以故 佛說非身 是名大身

"수보리야, 비유컨대 어떤 사람의 몸이 거대한 수미산과도 같다면 그대는 어떻게 생각하느냐? 그 몸이 크다고 할 수 있겠느냐?"

"참으로 큽니다, 세존이시여. 왜냐하면 부처님께서는 어떤 실물로 나타난 몸이 아닌 것, 이를 일러 큰 몸이라 말씀하셨기 때문입니다."

몸이 크더라도 마음을 작게 쓰면 큰 몸이라 할 수 없는 것이요, 마음이 허공처럼 커야 비로소 큰 몸이라 하는 것입니다. 그러니 몸이 설사 수미산만큼 크더라도 결코 크다 할 수 없습니다.[3]

---

1. 若不自淨其心하고 愛着淸淨處하여 心有所住하면 卽是着法相이라. 見色着色하여 住色生心은 卽是迷人이요 見色離色하여 不住色生心은 卽是悟人이니라. 住色生心은 如雲蔽天이요 不住色生心은 如空無雲이어 日月長照이니라. 住色生心은 卽是妄念이요 不住色生心은 卽是眞智니라.

2. 妄念이 生하면 卽暗이요 眞智가 照하면 卽明이라. 明卽煩惱不生이요 暗卽六塵競起니라.

3. 色身 雖大라도 內心 量小하면 不名大身이요 內心 量大 等虛空界하여야 方名大身이니라.

色身은 縱如須彌라도 終不爲大니라.

11. 네 구절의 게송만이라도 일러 준 복덕

_ 無爲福勝分

須菩提 如恒河中 所有沙數 如是沙等恒河 於意云何 是諸恒河沙 寧爲多
不 須菩提言 甚多 世尊 但諸恒河 尙多無數 何況其沙 須菩提 我今 實言
告汝 若有 善男子 善女人 以七寶滿 爾所恒河沙數 三千大千世界 以用布
施 得福多不 須菩提言 甚多 世尊 佛告 須菩提 若善男子 善女人 於此經中
乃至受持 四句偈等 爲他人說 而此福德 勝前福德

"수보리야, 갠지스 강 모래알 수만큼이나 많은 갠지스 강이 있다면,
그대는 어떻게 생각하느냐? 이 모든 갠지스 강에 있는 모래알 수를
많다고 할 수 있겠느냐?"

장로 수보리가 말하였다.

"참으로 많습니다, 세존이시여. 단지 모든 갠지스 강만 해도 헤아릴
수 없이 많거늘, 하물며 그 모래알 수야 더 말할 필요가 있겠습니까."

"수보리야, 내가 이제 진실한 말로 그대에게 일러 주겠노라. 만약 어
떤 선남자 선여인이 저 갠지스 강 모래알 수만큼이나 많은 삼천대천
세계를 일곱 가지 보배로 가득 채워 보시한다면 그들이 얻을 복이
많겠느냐?"

"참으로 많습니다, 세존이시여."

부처님께서 수보리에게 말씀하셨다.

"만약 선남자 선여인이 이 경이나 이 가르침 속에 있는 네 구절의 게
송만이라도 받아 지녀 다른 사람들을 위하여 그 뜻을 일러 준다면,
이 복덕은 앞에서 말한 일곱 가지 보배로 보시한 복덕보다도 더 뛰어
날 것이니라."

칠보를 보시하는 것은 삼계의 부귀영화를 얻을 것이요, 대승경
전을 강설하는 것은 듣는 사람이 모두 큰 지혜를 내어 '더할 나위
없이 높은 도[無上道]'를 이루게 합니다.[1]

마땅히 알아야 합니다. 경을 받아 지니는 복덕은 앞에서 말한 칠
보로 보시한 복덕보다 더 수승합니다.[2]

---

1. 布施七寶는 得三界富貴報요 講說大乘經典은 令諸聞者로 生大智慧하여 成無上道게
   하니라.
2. 當知하라. 受持福德은 勝前七寶福德也니라.

12. 바른 가르침을 존중하고 받들다

_ 尊重正教分

復次 須菩提 隨說是經 乃至 四句偈等 當知 此處 一切世間天人 阿修羅
皆應供養 如佛塔廟

다시 부처님께서 수보리에게 말씀하셨다.

"또한 수보리야, 이 경이나 이 가르침 속에 있는 네 구절의 게송만이
라도 설하는 곳이 있다면, 마땅히 여기는 모든 세간에 있는 하늘의
신이나 인간 아수라 등이 부처님이 계시는 절이나 탑처럼 받들어 공
양 올려야 할 곳임을 알아야 한다."

어디서나 자신이 머무는 곳에서 사람들을 보면 이 경을 설하되,
생각마다 늘 '망념이 없는 마음[無念心]'과 '얻을 바 없는 마음[無
所得心]'을 실천하여 분별하는 마음을 내지 말아야 합니다.[1]

만약 모든 분별을 멀리하여 항상 '얻을 바 없는 마음'에 의지하면

---

1. 所在之處에 如見人하면 即說是經하되 應念念 常行無念心 無所得心하여 不作能所心
   說이라.

이 몸 가운데 여래의 전신사리가 있으므로 '부처님이 계시는 절이나 탑과 같다'고 말하는 것입니다.[1]

'얻을 바 없는 마음'으로 이 경을 설하는 사람은 천룡팔부가 다 와서 이 법을 듣고 받아 지님을 느낄 것입니다.[2]

마음이 맑고 깨끗하지 못해 다만 명예와 이익을 위해서 이 경을 설하는 사람은 죽어서 삼악도에 떨어질 것이니 무슨 이익이 있겠습니까.[3]

맑고 깨끗한 마음으로 이 경을 설하는 사람은, 듣는 사람들로 하여금 어리석고 헛된 마음을 없애게 하고 본디 불성을 깨달아 늘 진실을 실천하게 하므로 하늘, 인간, 아수라, 인비인人非人[4] 등이 다 찾아와 공양함을 느낄 수 있을 것입니다.[5]

---

1. 若能遠離諸心하여 常依無所得心하면 卽此身中에 有如來全身舍利일새 故言 如佛塔廟니라.
2. 以無所得心으로 說此經者 感得天龍八部 悉來聽受니라.
3. 心若不淸淨하여 但爲名聞利養 而說是經者는 死墮三途하리니 有何利益이리오.
4. 인비인人非人은 '긴나라'를 달리 이르는 말이다. 그 형상이 일부는 사람의 몸이고 일부는 짐승의 몸이라는 데에서 유래한다.
5. 心若淸淨 而說是經者는 令諸聽者로 除迷妄心하고 悟得本來佛性하여 常行眞實일새 感得天人阿修羅人非人等이 皆來供養하리라.

何況 有人盡能 受持讀誦 須菩提 當知 是人成就 最上第一 希有之法 若是
經典 所在之處 則爲有佛 若尊重弟子

"하물며 이 가르침을 남김없이 받들어 지니고 독송하는 사람이야
더 말할 필요가 있겠느냐.

수보리야, 그대는 마땅히 이 사람이 세상에서 가장 으뜸가는 경이롭
고 희유한 법을 성취한 줄 알아야 한다.

이 경전이 있는 장소는 부처님이 계시는 곳이요, 존경하고 받들어
모셔야 할 부처님의 훌륭한 제자들이 있는 곳과 같으니라."

자신의 마음에서 이 경을 외우고 자신의 마음에서 이 경의 뜻을
풀이하며, 더 나아가 집착이 없는 '시비 분별할 어떤 모습도 없는
무상無相'의 이치를 체득하여 자신이 있는 곳에서 늘 부처님의
행을 닦는 것이 생각 생각에 틈이 없이 이어진다면, 곧 자신의 마
음이 부처님이므로 "이 경전이 있는 장소는 부처님이 계시는 곳
이다."라고 말하는 것입니다.¹

---

1. 自心에서 誦得此經하고 自心에서 解得經義하며 更能體得無着無相之理하여 所在之處
에 常修佛行이 念念 無有間歇이면 卽自心是佛일새 故言 所在之處에 卽爲有佛이니라.

13. 금강반야바라밀을 받아 지녀 설해야 한다

_ 如法受持分

爾時 須菩提 白佛言 世尊 當何名此經 我等 云何奉持 佛告須菩提 是經名
爲 金剛般若波羅蜜 以是名字 汝當奉持 所以者何 須菩提 佛說般若波羅
蜜 卽非般若波羅蜜

그때 장로 수보리가 부처님께 사뢰어 물었다.

"세존이시여, 이 경의 이름을 무어라 불러야 하며 저희들이 어떻게
받들어 지녀야 합니까?"

부처님께서 수보리에게 말씀하셨다.

"이 경은 '깨달음으로 가는 금강의 지혜'라는 뜻을 지닌 '금강반야바
라밀경'이라고 하니, 이 이름으로 그대들은 받들어 지녀야 할 것이다.
왜냐하면 수보리야, 부처님이 말씀하신 '깨달음으로 가는 지혜 반야
바라밀'은 '어떤 실체가 있는 반야바라밀'이 아니기 때문에 이를 일
러 '반야바라밀'이라고 한다."

부처님께서 반야바라밀을 말하는 것은 모든 공부하는 사람이 지
혜로써 생멸하는 어리석은 마음을 없애게 하려는 것이니, 생멸

하는 마음이 다 없어지면 곧 '저 건너편 부처님의 세상[到彼岸]'에 도달합니다.[1]

마음에 얻는 바가 있다면 '저 건너편 부처님의 세상'에 이르지 못한 것이요, 마음에 얻을 만한 법이 하나도 없으면 '저 건너편 부처님의 세상'에 도달하니, 입으로 말하고 마음으로 실천하는 것이 '저 건너편 부처님의 세상'에 도달하는 것입니다.[2]

是名般若波羅蜜 須菩提 於意云何 如來 有所說法不 須菩提 白佛言 世尊
如來 無所說
"수보리야, 그대는 어떻게 생각하느냐? 여래께서 말씀하신 법이
있겠느냐?"
"세존이시여, 여래께서는 법을 말씀하신 바가 없습니다."

부처님께서 수보리에게 묻되 "여래께서 법을 말씀하시고 마음에 내가 그 법을 얻었다는 생각을 하겠느냐?"라고 하니, 수보리는 '여래께서 말씀하신 법을 여래의 마음에서 얻은 바가 없음'을 알기 때문에 "말씀하신 바가 없습니다."라고 답하였습니다.[3]

---

1. 佛說般若波羅蜜은 今諸學人이 用智慧하여 除却愚心生滅케하니 生滅 滅盡이면 即到
   彼岸이라.
2. 若心有所得이면 即不到彼岸이요 心無一法可得이면 即是到彼岸이니 口說心行이 乃
   是到彼岸也니라.

여래의 뜻은 세상 사람들이 '얻은 바가 있다는 마음'을 떠나도록 하려고, '깨달음으로 가는 지혜 반야바라밀다법'을 말씀하시어, 모든 사람들이 이를 듣고 모두 '깨닫고자 하는 마음'을 내어 '생멸이 없는 무생無生'의 이치를 깨닫고 '더할 나위 없이 높은 도'를 이루게 하는 것입니다.[1]

須菩提 於意云何 三千大千世界 所有微塵 是爲多不 須菩提言 甚多 世尊 須菩提 諸微塵 如來說非微塵 是名微塵 如來說 世界 非世界 是名世界

"수보리야, 그대는 어떻게 생각하느냐? 삼천대천세계를 이루고 있는 모든 티끌의 수가 많겠느냐?"

"참으로 많습니다, 세존이시여."

"수보리야, 이 모든 티끌을 여래께서 어떤 실체가 있는 티끌이 아니라고 말씀하셨으므로, 이를 일러 티끌이라고 한다. 여래께서 말씀하신 세계도 어떤 실체가 있는 세계가 아니므로, 이를 일러 세계라고 하느니라."

여래께서는 "중생의 성품에 있는 망념은 삼천대천세계에 있는 온갖 티끌처럼 많다. 모든 중생들은 이 티끌처럼 많은 망념을 끊

---

3. 佛께서 問須菩提하되 如來說法이 心有所得不아하니 須菩提가 知 如來說法을 心無所得일새 故로 言 無所說也라하시니라.

1. 如來意者는 欲令世人 離有所得之心일새 故로 說 般若波羅蜜法하여 令一切人 聞之하고 皆發菩提心하여 悟無生理하여 成無上道也케하시니라.

임없이 일으켜 불성을 가리기 때문에 해탈할 수 없다.”라고 말씀
하셨습니다.[1]

만약 생각마다 참되고 올발라 반야바라밀의 집착이 없는 ‘시비
분별할 어떤 모습도 없는 무상無相의 삶’을 실천하면 망념이 곧
청정법성淸淨法性임을 깨닫게 됩니다.[2]

망념이 없다면 곧 어떤 실체가 있는 티끌이 아닙니다.[非微塵] 진
眞이 곧 망妄인 줄 알고 망妄이 곧 진眞인 줄 알아 진眞과 망妄이
함께 사라지면 달리 어떤 법이 있는 것이 아니므로, 이를 일러 ‘티
끌’이라 하는 것입니다.[3]

중생의 성품에 번뇌가 없으면 곧 이것이 부처님 세계요, 마음 가
운데 번뇌가 있으면 곧 이것이 중생 세계이니, 모든 망념이 공적
임을 깨달았으므로 이를 일러 ‘비세계非世界’라 한 것입니다. 여
래의 법신을 증득하여 널리 온갖 세계에 나타나 쓰이는 데 걸림
이 없으므로 이를 일러 ‘세계’라고 한 것입니다.[4]

---

1. 如來께서는 說하기를 衆生性中 妄念이 如三千大千世界中 所有微塵이라 一切衆生이
   被妄念微塵 起滅不停이어 遮蔽佛性일새 不得解脫이니라.
2. 若能念念眞正이어 修般若波羅蜜無着無相行하면 了妄念塵勞 卽淸淨法性이라.
3. 妄念이 旣無라면 卽非微塵이니라. 了眞卽妄하고 了妄卽眞하여 眞妄이 俱泯하면 無別有
   法일새 故로 云 是名微塵이니라.
4. 性中에 無塵勞하면 卽是佛世界요 心中에 有塵勞하면 卽是衆生世界니 了諸妄念空寂
   일새 故로 云 非世界니라. 證得如來法身하여 普現塵刹 應用無方일새 是名世界니라.

須菩提 於意云何 可以三十二相 見如來不 不也 世尊 不可 以三十二相 得
見如來 何以故 如來說 三十二相 卽是非相 是名三十二相

"수보리야, 그대는 어떻게 생각하느냐? '서른두 가지 뛰어난 모습'으
로 여래를 볼 수 있겠느냐?"

"아닙니다, 세존이시여. '서른두 가지 뛰어난 모습'으로 여래를 볼
수 없습니다. 왜냐하면 여래께서 말씀하신 '서른두 가지 뛰어난 모습'
은 어떤 실체가 있는 '서른두 가지 뛰어난 모습'이 아니므로, 이를 일
러 '서른두 가지 뛰어난 모습'이라고 하는 것입니다."

삼십이상이란 곧 '서른두 가지 맑고 깨끗한 행'이니, 오근 가운데서
육바라밀을 닦고 의근意根 가운데에서 '시비 분별할 어떤 모습도
없는 무상無相'과 '번뇌가 사라져 달리 할 일이 없는 무위無爲'를 닦
으면 이를 일러 '서른두 가지 맑고 깨끗한 행'이라고 합니다.[1]

언제나 '서른두 가지 맑고 깨끗한 행'을 닦으면 성불할 수 있지만
'서른두 가지 맑고 깨끗한 행'을 닦지 않는다면 끝내 성불할 수 없
습니다. 다만 겉으로 드러난 여래의 삼십이상만 좋아하고 스스
로 '서른두 가지 맑고 깨끗한 행'을 닦지 않는다면 끝내 여래를 보
지 못합니다.[2]

---

1. 三十二相者 是三十二清淨行이니 於五根中에 修六波羅蜜하고 於意根中에 修無相無
   爲하면 是名三十二清淨行이니라.
2. 常修此三十二清淨行하면 卽得成佛이지만 若不修三十二清淨行하면 終不成佛이니라.
   但愛着如來 三十二相하며 自不修三十二行하면 終不見如來니라.

須菩提 若有善男子 善女人 以恒河沙等 身命布施 若復有人 於此經中 乃
至 受持四句偈等 爲他人說 其福甚多

"수보리야, 만약 어떤 선남자 선여인이 갠지스 강의 모래알 수만큼
이나 많은 몸과 목숨을 바쳐 보시했더라도,
어떤 사람이 이 경이나 이 가르침 속에 있는 네 구절의 게송만이라도
받아 지녀 다른 사람들을 위하여 그 뜻을 일러 준다면,
이 복덕은 헤아릴 수 없이 많은 몸과 목숨을 바쳐 보시한 복덕보다도
더 뛰어날 것이니라."

세간에서 소중하게 여기는 것 가운데 자신의 목숨보다 더한 것
이 없습니다.[1]

보살이 법을 위하여 무량겁 동안 자신의 목숨을 바쳐 모든 중생
에게 나누어 준 그 복이 비록 많다 해도 이 경 안에 있는 네 구절
의 게송을 받아 지닌 복덕과는 같지 않습니다.[2]

오랜 세월 몸을 던져 보시하더라도 공空의 이치를 알지 못하면
허망한 마음이 제거되지 않았으니 근본이 중생입니다.[3]

---

1. 世間重者 莫過於身命이라.
2. 菩薩이 爲法하여 於無量劫中에 捨施身命하여 分與一切衆生한 其福이 雖多라도 亦不如
受持 此經四句之福이니라.
3. 多劫捨身하더라도 不了空義하면 妄心 不除니 元是衆生이니라.

한 생각에 경을 받아 지녀 나와 남이라는 분별이 단숨에 없어지면 망상이 제거되어 그 자리에서 성불하니, 그러므로 오랜 세월 몸을 던져 보시하는 것도 이 경에 있는 네 구절의 게송을 받아 지닌 복덕보다 못한 줄 알아야 합니다.[1]

---

1. 一念持經하여 我人頓盡이면 妄想旣除이어 言下成佛이니 故로 知 多劫捨身이더라도 不
　如持經四句之福이리라.

14. 집착을 떠난 것 이를 일러 '부처님'이라 한다

_ 離相寂滅分

爾時 須菩提 聞說是經 深解義趣 涕淚悲泣 而白佛言 希有世尊 佛說 如是 甚深經典 我從昔來 所得慧眼 未曾得聞 如是之經 世尊 若復有人 得聞是 經 信心淸淨 則生實相 當知是人成就 第一希有功德

이때 수보리가 이 경의 가르침을 듣고 그 뜻을 깊이 깨닫고는 벅찬 감동의 눈물을 흘리면서 부처님께 사뢰었다.

"경이롭고 희유하십니다, 세존이시여. 부처님께서 이처럼 뜻이 깊은 경전을 말씀하시는 것을 제가 예전에 얻은 지혜의 눈으로도 일찍이 듣고 본 적이 없습니다.

세존이시여, 어떤 사람이 이 가르침을 듣고 맑은 믿음을 낸다면 참다운 모습을 알게 되니, 마땅히 이 사람은 이 세상에서 으뜸가는 경이롭고 희유한 공덕을 성취한 줄 알아야 합니다."

자신의 성품이 어리석지 않은 것을 '지혜의 눈'이라 하는 것이요, 법문을 듣고 스스로 깨친 것을 '법의 눈'이라 합니다.[1]

---

1. 自性不癡를 名慧眼이요 聞法自悟를 名法眼이니라.

수보리는 아라한이니 오백 제자 가운데 공空 도리를 아는 데 으뜸입니다. 이미 일찍이 많은 부처님을 부지런히 모신 수보리가 지금 석가모니 부처님께 이런 깊은 법을 듣는 것이 어찌 처음이겠습니까.[1]

그러나 수보리가 과거에 얻은 것은 성문의 '지혜의 눈'으로 지금 비로소 이런 깊은 뜻을 지닌 가르침을 듣고서야 부처님의 뜻을 깨달으니, 과거에 깨치지 못한 것이 서럽고 슬퍼 벅찬 감동의 눈물을 흘린 것이 아닐까요.[2]

가르침을 듣고 그 내용을 분명히 아는 것을 '마음이 맑고 깨끗한 것'이라고 합니다. '마음이 맑고 깨끗한 것'에서 반야바라밀의 깊은 법이 흘러나오니, 이는 틀림없이 모든 부처님의 공덕을 성취한 것임을 아셔야만 합니다.[3]

---

1. 須菩提는 是阿羅漢이니 於五百弟子中에 解空第一이라. 已曾勤奉多佛인데 豈不得聞如是深法하여 今於釋迦牟尼佛所에 始聞也리오.
2. 然이나 或是須菩提 於往昔所得은 乃聲聞慧眼으로 今始得聞如是深經해서야 方悟佛意이니 悲昔未悟故로 涕淚悲泣가.
3. 聞經諦會를 謂之淸淨이라. 從淸淨中에 流出般若波羅蜜多深法이니 當知하라 決定 成就諸佛功德이니라.

世尊 是實相者 則是非相 是故 如來說 名實相

"세존이시여, 이 가르침의 '참다운 모습'이란 곧 '어떤 실체가 있는 모습'이 아니니, 이런 까닭으로 여래께서는 '참다운 모습'이라 말씀하시는 것입니다."

맑고 깨끗한 행을 실천하더라도 더럽다거나 깨끗하다는 두 가지 모습이 마음에 남아 있다면, 이는 모두 더럽혀진 마음이니 곧 맑고 깨끗한 마음이 아닙니다.[1]

부질없이 마음에 얻었다는 생각이 있으면 곧 '실상實相'이 아닙니다.[2]

世尊 我今得聞 如是經典 信解受持 不足爲難 若當來世 後五百歲 其有衆生 得聞是經 信解受持 是人 則爲第一希有 何以故 此人 無我相 無人相 無衆生相 無壽者相 所以者何 我相 卽是非相 人相 衆生相 壽者相 卽是非相 何以故 離一切諸相 則名諸佛

"세존이시여, 제가 지금 이 경전의 가르침을 듣고서 그대로 믿고 알아 받아 지니는 것은 그리 어려운 일이 아닙니다.

그러나 뒷날 오백년이 지난 후에 어떤 중생이 이 가르침을 듣고서

---

1. 雖行淸淨行이더라도 若見 垢淨二相 當情하면 並是垢心이니 卽非淸淨心也니라.
2. 但心有所得하면 卽非實相이니라.

믿고 알아 받아 지닌다면, 이 사람은 세상에서 가장 경이롭고 희유한 사람이 될 것입니다.

왜냐하면 이 사람은 '나라는 모습, 남이라는 모습, 나와 남들이 어울려 생겨나는 우리 중생이라는 모습, 또는 이들 모두의 생명이 영원할 것이라는 모습'에 집착하지 않기 때문입니다.

무슨 말인가 하면, '나라는 모습'은 어떤 실체가 있는 나라는 모습이 아니요, '남이라는 모습, 나와 남들이 어울려 생겨나는 우리 중생이라는 모습, 또는 이들 모두의 생명이 영원할 것이라는 모습' 그 어느 것도 곧 어떤 실체가 있는 모습이 아니기 때문입니다.

왜냐하면 온갖 모습에 대한 집착을 떠난 것 이를 일러 '부처님'이라 부르기 때문입니다."

수보리가 부처님 뜻을 깊이 깨달아 자신의 안목을 드러내니, 번뇌가 다 없어져 지혜의 눈이 밝아지면 믿고 알고 받아 지님에 어려움이 없습니다.[1]

세존이 세상에서 법을 설할 때도 믿고 알고 받아 지니지를 못하는 중생이 헤아릴 수 없이 많았는데, 하물며 뒷날 오백년만을 뜻하겠습니까. 그러나 부처님이 살아계신 시절에는 하근기 중생들이 믿지 않고 의심하더라도 곧 부처님께 가서 물으면, 부처님께

---

1. 須菩提가 深悟佛意하여 呈自見處하니 業盡垢除이어 慧眼明徹하면 信解受持는 卽無難也니라.

서는 적절하게 법을 설하셨으니 깨닫지 못할 것이 없었습니다.[1]

부처님께서 멸도한 후 뒷날 오백년은 점차 말법시대가 되고, 부처님 안 계신 세월이 오래되니 부처님의 설법을 직접 들을 기회가 없어 오직 가르침만 남아있게 됩니다.[2]

사람들이 의심이 있어도 묻고 답을 얻을 곳이 없어, 어리석은 집착으로 '생멸이 없는 무생無生'의 이치를 깨닫지 못하고 모습에 집착하여 달려드니, 육도에 윤회할 것입니다.[3]

이런 말법시대에 뜻깊은 경전의 가르침을 듣고 맑은 마음으로 공경하며 믿어 '생멸이 없는 무생無生'의 이치를 깨닫는 사람은 참으로 드물 것이니, 그러므로 "참으로 경이롭고 희유하다."라고 말하는 것입니다.[4]

여래께서 멸도한 후 뒷날 오백년, 만약 어떤 사람이 반야바라밀의 깊고 깊은 경전에서 가르침을 믿고 알고 받아 지닐 수 있다면, 곧

---

1. 世尊 在世說法之時도 亦有無量衆生 不能信解受持인데 何必獨言後五百歲리오. 蓋佛在之日 雖有下根不信 及懷疑者라도 卽往問佛하면 佛 卽隨宜爲說하니 無不契悟니라.

2. 佛滅度後 後五百歲 漸至末法이니 去聖遙遠하여 但存言敎니라.

3. 若人 有疑라도 無處諮決이어 愚迷抱執으로 不悟無生하고 着相馳求하니 輪廻諸有하리라.

4. 於此時中에 得聞深經하고 淸心敬信하여 悟無生理者 甚爲希有하니 故로 言 第一希有也니라.

이 사람에게는 '나라는 모습, 남이라는 모습, 나와 남들이 어울려 살아가는 우리 중생이라는 모습, 또는 이들 모두의 생명이 영원할 것이라는 모습'에 집착하는 것이 없음을 아셔야 합니다.[1]

이 사상四相이 없는 것 이를 일러 '실상實相'이라 하니 이는 '부처님의 마음'입니다. 그러므로 "온갖 모습에 대한 집착을 떠난 것 이를 일러 '부처님'이라 한다."라고 하는 것입니다.[2]

佛告 須菩提 如是如是
부처님께서 수보리에게 말씀하셨다.
"맞다, 맞는 말이다."

부처님께서 수보리가 알고 하는 말이 당신의 마음에 딱 들어맞음을 인가하시므로, 거듭 "맞다, 맞는 소리이다."라고 말씀하신 것입니다.[3]

---

1. 於如來滅後 後五百歲에 若有人이 能於般若波羅蜜甚深經典에 信解受持하면 卽知 此人은 無我人衆生壽者相이니라.
2. 無此四相 是名實相이라하니 卽是佛心이라. 故로 云 離一切諸相을 卽名諸佛也라.
3. 佛께서 印可須菩提 所解가 善契我心일새 故로 重言 如是也니라.

若復有人 得聞是經 不驚 不怖 不畏 當知 是人 甚爲希有

"어떤 사람이 이 가르침을 듣고서 놀라거나 두려워하지 않고 멀리하지 않는다면 이 사람은 참으로 경이롭고 희유한 사람인 줄 알아야 하느니라."

'성문聲聞'은 오랫동안 법의 모습과 자신의 알음알이에 집착하여, 모든 법이 본디 공이어서 온갖 문자가 다 임시로 세워진 것임을 알지 못하니, 홀연 차원 높은 경전에서 '온갖 모습이 생겨나지 않으면 그 자리에서 곧 부처님이다' 하는 소리를 듣고는 놀라 겁을 내는 것입니다. 오직 상근기 보살들만 이 이치를 듣고 기뻐하며 가르침을 받아 지녀 법에 두려워하거나 물러나는 마음이 없으니, 이런 분들이 참으로 경이롭고 희유한 것입니다.[1]

何以故 須菩提 如來說 第一波羅蜜 則非第一波羅蜜 是名第一波羅蜜

"왜냐하면 수보리야, 여래께서 말씀하신 '깨달음으로 가는 최상의 방편'은 어떤 실체가 있어 '깨달음으로 가는 최상의 방편'이라 하는 것이 아니므로, 이를 일러 '깨달음으로 가는 최상의 방편'이라고 하기 때문이다."

---

1. 聲聞은 久着法相執有爲解하여(爲解는 一作所解라) 不了 諸法本空이어 一切文字 皆是假立하니 忽聞深經에 諸相不生이면 言下卽佛이라 所以驚怖니라. 唯是上根菩薩은 得聞此理하고 歡喜受持하여 心無怖畏退轉이니 如此之流가 甚爲希有也니라.

입으로만 말하고 마음으로 실천하지 않으면 곧 그릇된 것이요,
입으로 말하고 마음으로도 실천하면 곧 옳은 것입니다. 마음에
'나와 경계에 대한 분별'이 있으면 곧 그릇된 것이요, 마음에 '나
와 경계에 대한 분별'이 없으면 곧 옳은 것입니다.[1]

須菩提 忍辱波羅蜜 如來說 非忍辱波羅蜜 是名忍辱波羅蜜 何以故 須菩
提 如我昔爲歌利王 割截身體 我於爾時 無我相 無人相 無衆生相 無壽者
相何以故 我於往昔 節節支解時 若有我相 人相 衆生相 壽者相 應生嗔恨

"수보리야, '깨달음으로 가는 인욕'도 여래께서 어떤 실체가 있어 참
아야 하는 '깨달음으로 가는 인욕'이 아니라고 말씀하시므로 이를
일러 '깨달음으로 가는 인욕'이라고 하느니라.

무슨 까닭이겠느냐, 수보리야. 옛날 가리왕이 예리한 칼로 나의 몸을
잘라서 토막 낼 때, 그때 나는 '나라는 모습, 남이라는 모습, 나와 남들
이 어울려 생겨나는 우리 중생이라는 모습, 또는 이들 모두의 생명이
영원할 것이라는 모습'에 집착하지 않았기 때문이다."

"무슨 말인고 하면, 내 몸이 마디마디 사지가 찢길 때에 '나라는 모습
에 집착하고, 남이라는 모습에 집착하며, 나와 남들이 어울려 생겨나
는 우리 중생이라는 모습에 집착하고, 또는 이들 모두의 생명이 영원
할 것이라는 모습에 집착하는 것'이 있었다면, 반드시 나는 가리왕에

---

1. 口說心不行하면 卽非요 口說心行하면 卽是니라. 心有能所하면 卽非요 心無能所하면
   卽是니라.

게 성내고 원망하는 마음을 냈을 것이기 때문이다.”

모욕을 당하는 경계에서 참는다는 생각을 일으키면 곧 그릇된 것이요, 모욕을 당하는 경계에서 참는다는 알음알이가 생기지 않으면 곧 옳은 것입니다.[1]

자신이 피해당할 때 피해당한다는 생각을 일으키면 곧 그릇된 것이요, 자신이 피해당한다는 생각을 일으키지 않으면 곧 옳은 것입니다.[2]

여래께서 일찍이 초지初地 보살에 이르러 인욕선인이었을 때, 가리왕[3]이 칼로 뼈와 살을 발라내도 아프다거나 괴롭다는 생각이 한 번도 없었습니다. 만약 아프다거나 괴롭다는 생각이 있었다면 성을 내고 원망했을 것입니다.[4]

‘가리왕’은 범어로 ‘극악무도한 임금’이라는 뜻을 가지고 있지만, 전하는 이야기로는 여래께서 과거에 수행하실 때 일찍이 국왕이 되어 열 가지 좋은 일을 실천하여 백성들에게 이익을 주셨으므

---

1. 見有辱境當情하면 卽非요 不見有辱境當情하면 卽是니라.
2. 見有身相 當彼所害하면 卽非요 不見有身相 當彼所害하면 卽是니라.
3. 부처님이 인욕선인으로 수행할 때 가리왕이 사냥을 나갔다가 자신의 궁녀들에게 인욕선인이 법문하는 모습을 보고 잡아들여 그의 팔다리를 끊었다고 한다.
4. 如來 因中在初地時 曾爲忍辱仙人일때 被歌利王이 割載身體해도 無一念痛惱之心이라. 若有痛惱之心이면 卽生瞋恨하리라.

로, 백성들이 노래로 이 왕을 칭찬했다는 의미에서 '가리왕歌利王'이라 불렀다고 합니다. 이 가리왕이 '최고의 깨달음'을 구하려고 인욕행을 닦았는데, 그때 제석천이 백정으로 변신하여 왕의 인육을 구걸하니 왕이 인육을 떼어주면서 조금도 성을 내지 않았다고 합니다. 이 두 이야기가 모두 인욕이라는 이치에 통합니다.[1]

須菩提 又念過去 於五百世 作忍辱仙人 於爾所世 無我相 無人相 無衆生相 無壽者相

"수보리야, 또 과거 오백세에 인욕선인으로 살던 일을 생각하니 그때 세상에서도 나는 '나라는 모습, 남이라는 모습, 나와 남들이 어울려 생겨나는 우리 중생이라는 모습, 또는 이들 모두의 생명이 영원할 것이라는 모습'에 집착이 없었다."

세世란 생生을 말합니다. 여래께서는 공부하실 때 오백생에 걸쳐 인욕바라밀을 수행하면서 사상四相이 생기지 않는 경계를 얻었습니다.[2]

---

1. 歌利王은 是梵語로 此云 無道極惡君也지만 一說에 如來 因中에 曾爲國王이어 嘗行十善하여 利益蒼生할새 國人이 歌稱此王하니 故로 云 歌利니라. 王이 求無上菩提하려 修忍辱行인데 爾時 天帝釋이 化作栴陀羅하여 乞王身肉하니 王이 卽割施하며 殊無瞋惱라. 今存二說 於理에 俱通하니라.
2. 世者 生也라. 如來 因中에 於五百生 修行忍辱波羅蜜하며 以得四相不生이라.

여래께서 스스로 지난 세상의 인욕 수행을 말씀하시는 것은, 모든 수행자로 하여금 인욕바라밀을 성취케 하려는 것입니다.[1]

인욕바라밀을 수행하는 사람이 이미 인욕의 수행을 실천하고 있다면, 모름지기 먼저 모든 사람의 과오를 보지 않아야 합니다.[2]

원한이 있거나 친한 사람이 모두 평등하여서 옳고 그름이 없고, 남에게 욕을 먹거나 피해를 당해도 이를 기쁘게 받아들여 더욱더 상대방을 공경해야 하니, 이런 보살행을 실천하는 사람은 곧 인욕바라밀을 성취할 수 있습니다.[3]

是故 須菩提 菩薩 應離一切相 發阿耨多羅三藐三菩提心 不應住色生心 不應住聲香味觸法生心 應生無所住心

"그러므로 수보리야, 보살은 온갖 허망한 모습을 떠나 '더할 나위 없이 높고도 올바른 깨달음'을 얻고자 마음을 내야 한다. 형색에 얽매이지 말고 소리·냄새·맛·촉감·마음의 대상에도 얽매이지 않아 반드시 그 어디에도 집착하지 않는 마음을 내야 한다."

---

1. 如來 自述往因者는 欲令 一切修行人 成就忍辱波羅蜜케하니라.
2. 行忍辱波羅蜜人이 旣行忍辱行인댄 先須不見一切人過惡이라.
3. 冤親平等하여 無是無非이고 被他打罵殘害하여도 歡喜受之하여 倍加恭敬하니 行如是行者는 卽能成就忍辱波羅蜜이니라.

"형색에 얽매이지 말고[不應住色生心]"는 전체 내용을 대표하는 말이요, "소리·냄새·맛·촉감·마음의 대상에도 얽매이지 않아[聲香等]"는 그 내용을 구체적으로 열거한 것입니다.[1]

이 육진 경계에서 미워하고 좋아하는 마음을 일으키니, 이로 말미암아 허망한 마음이 쌓여 헤아릴 수 없이 많은 업을 짓고 불성을 덮어버립니다.[2]

비록 여러 가지로 애써 수행하더라도 번뇌를 없애지 못하면 끝내 해탈하는 이치가 없으니, 그 근본을 따져 보면 모두 형색에 얽매이는 마음으로 말미암은 것입니다.[3]

만약 생각마다 언제나 반야바라밀을 실천한다면 모든 법이 공임을 알아 분별하거나 집착하지 않고, 생각마다 늘 스스로 정진하면 반야바라밀을 한마음으로 지키고 보호하여 게으르지 않을 것입니다.[4]

『정명경淨明經』에서 "모든 것을 아는 지혜를 구하고자 하면 끊

---

1. 不應住色生心者는 是都標也요 聲香等은 別列其名也라.
2. 於此六塵에 起憎愛心하니 由此로 妄心이 積集하여 無量業結하고 覆蓋佛性하니라.
3. 雖種種勤苦修行하더라도 不除心垢하면 終無解脫之理이니 推其根本하면 都由色上住
　心이니라.
4. 如能 念念常行 般若波羅蜜하면 推諸法空이어 不生計着하고 念念 常自精進하면 一心
　守護하여 無令放逸하리라.

임없이 찾아 수행하라.”라고 하였으며, 『대반야경大般若經』에서
는 “보살마하살은 밤낮으로 정진하며 언제나 반야바라밀다에
머물러 마음을 쓰되 잠시라도 그 마음을 놓아서는 안 된다.”라고
하였습니다.[1]

若心有住 則爲非住
“만약 마음이 어떤 대상에 얽매여 있다면 이는 곧 보살이 머무를 곳이
아니기 때문이다.”

만약 열반에 집착하면 이는 보살이 머물 곳이 아닙니다. 열반에
집착하지 않고 온갖 법에 집착하지 않으며 어떤 곳에도 머물지
않아야 비로소 보살이 머물 곳입니다.[2]

윗글 문장에서 “그 어디에도 집착하지 말아야 하느니라.[應無所
住 而生其心]”라고 말한 것이 이 뜻입니다.[3]

---

1. 淨名經에 云 求一切智하려면 無非時求라하며 大般若經에 云 菩薩摩訶薩이 晝夜精進하
   며 常伴般若波羅蜜多하여 相應作意하되 無時暫捨하라.
2. 若心住涅槃이면 非是菩薩住處라. 不住涅槃하고 不住諸法하며 一切處不住하여야 方
   是菩薩住處니라.
3. 上文에 說 應無所住而生其心者 是也니라.

是故 佛說 菩薩 心不應住色布施

"이런 까닭에 부처님께서 '보살은 형색에 집착하여 보시해서는 안 된다'라고 말씀하시느니라."

보살은 자신의 오욕과 쾌락을 위하여 보시하는 것이 아닙니다. 다만 안으로는 인색한 마음을 없애고 바깥으로는 온갖 중생에게 이익을 주기 위하여 보시하는 것입니다.[1]

須菩提 菩薩 爲利益一切衆生 應如是布施

"수보리야, 보살은 모든 중생을 이롭게 하기 위하여 이처럼 보시해야 하느니라."

보살이란 법과 재물 등을 베풀어 중생에게 끝없이 이익을 주는 분입니다. 이익을 준다는 마음을 내면 곧 이는 그릇된 법이요, 이익을 준다는 마음을 내지 않으면 이는 '집착이 없는 마음[無住]'이니, 이 마음이 곧 부처님의 마음입니다.[2]

---

1. 菩薩은 不爲自身 五欲快樂하여 而行布施하니라. 但爲內破慳心하고 外利益一切衆生하여 而行布施하니라.
2. 菩薩者 行法財等施하여 利益無疆이라. 若作能利益心하면 卽是非法이요 不作能利益心하면 是名無住니 無住가 卽是佛心也니라.

如來說 一切諸相 卽是非相 又說 一切衆生 卽非衆生

"여래께서는 '온갖 모습도 곧 어떤 모습이라고 할 실체가 있는 것이 아니다' 하고, 또 '모든 중생도 곧 중생이라고 할 어떤 실체가 있는 것이 아니다'라고 말씀하셨다."

'여如'는 불생不生이요 '래來'는 불멸不滅입니다. 불생이란 아상 인상을 내지 않는 것이요, 불멸이란 깨달음의 광명이 늘 비추어 꺼지지 않는다는 뜻입니다. 그러므로 29장 맨 마지막 문장에서, "여래란 오는 바도 없고 가는 바도 없기에 이를 일러 여래라 한다."라고 하는 것입니다.[1]

여래께서는 "아상·인상·중생상·수자상 이 네 가지 모습은 언젠가는 파괴되는 것이니 참다운 깨달음의 바탕이 아니요, 모든 중생이란 말도 다 임시로 붙인 거짓 이름이어서 허망한 마음을 여의면 곧 제도할 중생이 없다."라고 하셨습니다. 그러므로 "곧 중생이라고 할 어떤 실체가 있는 것이 아니다."라고 말하는 것입니다.[2]

---

1. 如者는 不生이요 來者는 不滅이라. 不生者는 我人不生이요 不滅者는 覺照不滅이니라. 下文에 云 如來者는 無所從來 亦無所去일새 故名如來라하니라.
2. 如來께서 說하기를 我人 等四相은 畢竟可破壞니 非眞覺體也요 一切衆生도 盡是假名이어 若離妄心하면 卽無衆生可得이니라. 故로 言 卽非衆生也니라.

須菩提 如來 是眞語者 實語者 如語者 不誑語者 不異語者

"수보리야, 여래께서는 참말을 하시는 분이며, 알찬 말을 하시는 분이며, 있는 그대로의 말을 하시는 분이며, 속이지 않는 말을 하시는 분이며, 틀린 말을 하시지 않는 분이시다."

'참말[眞語]'은 온갖 유정 무정에게 다 불성이 있음을 말하는 것이요, '알찬 말[實語]'은 중생이 악업을 지으면 반드시 괴로운 과보를 받게 된다는 말이며, '있는 그대로의 말[如語]'은 중생이 좋은 법을 닦으면 반드시 즐거운 과보를 받게 된다는 말이요, '속이지 않는 말[不誑語]'은 반야바라밀법에서 과거 현재 미래의 모든 부처님이 나온다는 것이 결코 거짓말이 아님을 설하는 것이며, '틀리지 않는 말[不異語]'은 여래의 모든 말씀은 처음도 좋고 중간도 좋으며 끝도 좋다는 것입니다.[1]

근본 뜻이 미묘하여 온갖 천마와 외도들도 더 나은 주장을 내세울 수 없으니 부처님의 말씀을 파괴할 수 없는 것입니다.[2]

---

1. 眞語者는 說 一切有情無情 皆有佛性이요 實語者는 說 衆生 造惡業에 定受苦報이며 如語者는 說 衆生 修善法에 定受樂報요 不誑語者는 說 般若波羅蜜法에서 出生三世諸佛이 決定不虛이며 不異語者는 如來所有言說은 初善 中善 後善이니라.
2. 旨意微妙하여 一切天魔外道 無有能超勝 及破壞佛語者也니라.

須菩提 如來所得法 此法 無實無虛

"수보리야, 여래께서 깨달으신 법, 이 법은 참된 것도 아니요 헛된 것도 아니니라."

'참된 것도 아니다[無實]'는 법의 바탕이 텅 비어 공적해서 얻을만한 어떤 모습도 없는 것을 말합니다. 그러나 그 가운데 갠지스 강 모래 알 수만큼이나 많은 부처님의 공덕을 갖추고 있어서 마음껏 써도 다 없어지지 않으므로 이를 일러 '헛된 것도 아니다[無虛]'고 말하는 것입니다.[1]

'참된 것[實]'을 말하려고 하면 어떠한 모습도 얻을 수 없는 것이요, '헛된 것[虛]'을 말하려고 하면 부처님의 공덕을 마음껏 써도 그 빈틈이 없습니다.[2]

이 때문에 '유有'라 할 수도 없고 '무無'라 할 수도 없으니, 있어도 있는 것이 아니요 없어도 없는 것이 아닙니다.[3]

말로써 설명할 수 없는 것이 오직 참다운 지혜일 뿐일진저! 만일 상相을 떠나 수행하지 않는다면 여기에 이를 방법이 없습니다.[4]

---

1. 無實者는 以法體空寂이어 無相可得이라. 然이나 中有恒沙性德이어 用之不匱일새 故言 無虛니라.
2. 欲言其實하면 無相可得이요 欲言其虛하면 用而無間이니라.
3. 是故로 不得言有이고 不得言無이니 有而不有요 無而不無라.

須菩提 若菩薩 心住於法 而行布施 如人入闇 則無所見 若菩薩 心不住法 而行布施 如人 有目 日光明照 見種種色

"수보리야, 만약 보살이 어떤 대상에 집착하여 보시한다면, 이는 어둠 속에 들어가 아무것도 보지 못하는 것과 같다.

만약 보살이 어떤 대상에 집착하지 않고 보시한다면, 이는 눈 밝은 사람이 환한 대낮에 온갖 사물을 보는 것과 같으니라."

온갖 법에 집착하면 '보시하는 사람이나 보시 받는 사람, 이들 사이에 오고가는 물품이나 법의 바탕이 공空[三輪體空]'인 줄 알지 못하니 마치 눈먼 사람이 어둠 속에 있어 밝음이 없는 것과 같습니다.[1]

『화엄경』에서도 "성문이 여래의 법회에서 법을 들어도 장님이나 귀머거리처럼 못 보고 못 듣는 것은 법의 모습에 집착하기 때문이다."라고 하니,[2]

보살이 늘 반야바라밀다에서 어떠한 모습에도 집착이 없는 삶을 살아가면 마치 사람이 눈을 뜨고 밝은 곳에 서 있는 것과 같으니 무엇인들 보지 못하겠습니까.[3]

---

4. 言辭不及者는 其唯眞智乎인저. 若不離相修行이면 無由臻此也니라.

1. 於一切法에 心有住着하면 則不了三輪體空이니 如盲處暗이어 無所曉了니라.

2. 華嚴經에도 云 聲聞이 在如來會中에 聞法해도 如盲如聾은 爲住法相故이니라하니

3. 若菩薩이 常行般若波羅蜜多無着無相行하면 如人有目이어 處於皎日之中이니 何所

須菩提 當來之世 若有 善男子 善女人 能於此經 受持讀誦 則爲如來 以佛 智慧 悉知是人 悉見是人 皆得成就 無量無邊功德

"수보리야, 오는 세상에 선남자 선여인이 이 경을 받아 지녀 읽고 외 운다면, 여래께서 깨달음의 지혜로 이 사람들을 다 알고 보시니, 이들 모두는 헤아릴 수 없이 많은 공덕을 성취할 것이니라."

'오는 세상[當來之世]'이란 여래께서 입적하신 후 뒷날 오백년 동 안의 혼탁한 시대를 말하니, 삿된 법이 다투어 일어나 정법을 행 하기 어려운 때입니다.[1]

이때 선남자 선여인이 이 경을 만나 스승의 가르침을 받으며 읽 고 외우면서 끝없이 정진하고, 이치대로 수행해서 부처님의 지 견에 깨달아 들어가면 높고도 올바른 깨달음을 성취할 수 있으 니, 이 때문에 과거 현재 미래의 모든 부처님께서 그들을 다 아시 는 것입니다.[2]

不見也리오.

1. 當來之世는 如來滅後 後五百歲 濁惡之時니 邪法이 競起하여 正法 難行이라.

2. 於此時中 若有善男子善女人이 得遇此經하여 從師稟授하고 讀誦在心 專精不忘하며 依義修行하고 悟入佛之知見하면 則能成就阿耨多羅三藐三菩提니 以是로 三世諸佛 이 無不知之니라.

15. 이 가르침에는 많은 공덕이 있어

_ 持經功德分

須菩提 若有 善男子 善女人 初日分 以恒河沙 等身布施 中日分 復以恒河

沙 等身布施 後日分 亦以恒河沙 等身布施 如是 無量百千萬億劫 以身布

施 若復有人 聞此經典 信心不逆 其福勝彼 何況 書寫受持讀誦 爲人解說

"수보리야, 어떤 선남자 선여인이 아침에 갠지스 강의 모래알 수만

큼이나 많은 봄을 바쳐 보시하고, 낮에 또 갠지스 강의 모래알 수만큼

이나 많은 몸을 바쳐 보시하며, 다시 저녁에도 갠지스 강의 모래알

수만큼이나 많은 몸을 바쳐 보시하며, 이와 같이 헤아릴 수 없이 많은

세월에 걸쳐 자신의 몸을 바쳐 보시하여도,

만약 어떤 사람이 이 경전의 가르침을 듣고서 믿는 마음이 일어나

거스르지 않고 그대로 따른다면, 이 복덕은 헤아릴 수 없이 많은 세월

에 걸쳐 자신의 몸을 바쳐 보시한 복덕보다도 더 뛰어날 것인데, 하물

며 이 경전을 쓰고 받아 지녀 읽고 외우면서 남을 위하여 그 뜻을 일러

주는 복덕이야 어찌 더 말할 필요가 있겠느냐."

부처님께서 "부처님이 안 계신 말법시대라도 이 경을 듣고 믿으면 사상四相이 생기지 않는다."라고 하셨으니, 곧 이것이 부처님의 지견입니다.[1]

이 사람의 공덕은 한량없는 세월 몸을 바쳐 보시한 공덕의 백천만억 배보다도 뛰어나니 비유해 설명할 수 있는 것이 아닙니다.[2]

한 생각으로 경을 들은 복도 이렇게 많은 것인데, 하물며 베끼고 받아 지녀 읽고 외우면서 다른 사람을 위하여 풀이해 준 공덕이야 어찌 더 말할 필요가 있겠습니까.[3]

마땅히 알아야 합니다. 이 사람은 반드시 '더할 나위 없이 높고도 올바른 깨달음'을 성취할 것임을![4]

그러므로 온갖 방편으로 이처럼 깊고 깊은 뜻을 지닌 경전을 설하여 모든 집착을 떠나게 해 '더할 나위 없이 높고도 올바른 깨달음'을 얻게 하니, 그로 인해 얻는 공덕이 끝이 없기 때문입니다.[5]

---

1. 佛說 末法之時라도 得聞此經하고 信心不逆하면 四相이 不生하리니 卽是佛之知見이라.
2. 此人功德은 勝前多劫捨身功德 百千萬億하니 不可譬喩니라.
3. 一念聞經 其福도 尙多인데 何況更能書寫受持讀誦하여 爲人解說이리오.
4. 當知하라 此人은 決定 成就阿耨多羅三藐三菩提니라.
5. 所以로 種種方便으로 爲說如是甚深經典하여 俾離諸相 得阿耨多羅三藐三菩提케하니 所得功德이 無有邊際니라.

오랜 세월 몸을 바쳐 보시하여도 모든 상이 본디 공空임을 깨닫지 못한다면, 이는 대개 분별하는 마음이 남아 있는 것이므로 근본적으로 아직 중생의 소견을 벗어나지 못한 것입니다.[1]

만약 가르침을 듣고 도를 깨쳐 '나와 남이라는 모습에 집착하는 것'이 단숨에 사라지면 바로 그 자리에서 부처님입니다.[2]

목숨 바쳐 보시한 '유루[3]의 복덕'을, 경을 지닌 '무루의 지혜'에 비교한다는 것은 실로 있을 수 없는 일입니다.[4]

비록 시방세계 온갖 보배더미와 함께 과거 현재 미래 끊임없이 몸을 바쳐 보시할지라도 그 복덕은 『금강경』 네 구절의 게송을 마음에 새겨 실천하는 복덕만 못합니다.[5]

---

1. 蓋然 多劫捨身하여도 不了諸相本空이면 有能捨所捨心在일새 元未離衆生之見이라.
2. 如能聞經悟道하여 我人頓盡하면 言下 卽佛이라.
3. 유루有漏는 번뇌가 있는 상태이고, 무루無漏는 번뇌가 없는 상태이다.
4. 將彼捨身有漏之福하여 比持經無漏之慧하면 實不可及이니라.
5. 雖十方聚寶 三世捨身이라도 不如持經四句之偈也니라.

須菩提 以要言之 是經 有不可思議 不可稱量 無邊功德

"수보리야, 요점을 말하자면 이 가르침에는 생각할 수도 없고 헤아릴 수도 없는 끝없이 많은 공덕이 있느니라."

경의 가르침을 실천하며 사는 사람은 '내 것'이라는 마음이 없으니, '내 것'이 없기 때문에 곧 부처님의 마음입니다.[1]

부처님 마음에서 나오는 공덕이 끝이 없으니, 그러므로 "그 공덕은 헤아릴 수 있는 것이 아니다."라고 말하는 것입니다.[2]

如來 爲發大乘者說 爲發最上乘者說

"여래께서는 '모든 중생과 함께 깨달음으로 가는 공부'에 마음을 낸 사람들을 위하여 이 가르침을 설하셨으며, '부처님의 세상으로 가는 최상승의 길'에서 마음을 낸 사람들을 위하여 이 가르침을 설하셨기 때문이다."

'모든 중생과 함께 깨달음으로 가는 공부[大乘]'는 넓고 큰 지혜로 온갖 법을 잘 펼치는 것이요, '부처님의 세상으로 가는 최상승의 길'은 더러운 법을 꺼리지도 않고 깨끗한 법을 찾지도 않으며,

---

1. 持經之人은 心無我所니 無我所故로 卽是佛心이라.|
2. 佛心功德은 無有邊際이니 故로 言 不可稱量也니라.

제도할 중생이 있다는 생각을 하지 않고 증득할 열반이 있다는 생각도 하지 않으며, 중생을 제도했다는 마음도 내지 않고 또한 중생을 제도하지 않았다는 마음도 내지 않는 것이니, 이를 일러 '최상승'이라 하며 또한 '모든 것을 아는 일체지一切智' '생멸이 없는 지혜 무생인無生忍' '부처님의 지혜 대반야大般若'라고도 합니다.[1]

어떤 사람이 발심하여 '더할 나위 없이 높은 도'를 찾고자 하면 '시비 분별할 어떤 모습도 없는 무상無相' '번뇌가 사라져 달리 할 일이 없는 무위無爲'의 깊고 깊은 법을 들어야 합니다.[2]

이 법을 듣고는 바로 믿어 알아 받아 지녀야 하며 또한 다른 사람들을 위하여 풀이해 주어야 합니다.[3]

그들이 깊이 깨달아 어떤 비방도 하지 않고 '법을 알고 참는 데서 나오는 부처님의 힘 대인력大忍力', '부처님의 지혜에서 나오는 힘 대지혜력大智慧力', '모든 중생을 방편으로 제도하는 힘 대방편력大方便力'을 얻게 될 때 비로소 이 경을 세상에 널리 알리는

---

1. 大乘者는 智慧廣大하여 善能建立一切法이요 最上乘者는 不見垢法可厭하고 不見淨法可求하며 不見衆生可度하고 不見涅槃可證하며 不作度衆生之心하고 亦不作不度衆生之心이니 是名最上乘이며 亦名一切智며 亦名無生忍이며 亦名大般若니라.
2. 有人이 發心하여 求無上道이면 聞此無相無爲甚深之法이라.
3. 聞已에 卽便信解受持하며 爲人解說이라.

것입니다.[1]

若有人 能受持讀誦 廣爲人說 如來 悉知是人 悉見是人 皆得成就 不可量
不可稱 無有邊 不可思議功德 如是人等 則爲荷擔 如來阿耨多羅三藐三
菩提

"만약 어떤 사람이 이 가르침을 받아 지녀 읽고 외우면서 널리 다른
사람들을 위하여 그 뜻을 일러 준다면, 여래께서는 이 사람들을 모두
알고 보시고 함께하시니, 이들 모두는 헤아릴 수 없고 그 끝을 알 수
없는 불가사의한 공덕을 성취할 것이니라. 이런 사람들은 여래의 '더
할 나위 없이 높고도 올바른 깨달음'을 얻게 될 것이다."

근기가 뛰어난 사람은 이와 같은 깊은 가르침이 담긴 경전을 듣
고 '부처님 뜻'을 깨달아 '자신의 마음에 있는 경전'을 지녀 자신
의 성품을 바로 보아 공부를 마칠 것입니다.[2]

그리고 다시 다른 사람을 위해 경전을 풀이하여 공부하는 사람
들이 스스로 '시비 분별할 어떤 모습도 없는 무상無相'의 이치를
깨달아 '본디 성품의 여래'를 보고 '더할 나위 없이 높은 도'를 이
루게 합니다.[3]

---

1. 令其深悟하여 不生毁謗하고 得大忍力 大智慧力 大方便力할 때 卽能流通此經이니라.
2. 上根之人은 聞此深經하고 得悟佛意 持自心經하여 見性究竟하니라.
3. 復能起利他之行 爲人解說하여 令諸學者 自悟無相之理하여 得見本性如來하고 成無

마땅히 알아야 합니다. 법을 설한 사람이 얻는 공덕은 끝이 없어 그 수를 헤아릴 수 없는 것입니다.[1]

경을 듣고 뜻을 알아 가르침대로 수행하며 다시 널리 다른 사람들을 위하여 법을 설하고, 모든 중생들로 하여금 '시비 분별할 어떤 모습도 없는 무상無相' '집착이 없는 삶 무착행無着行'을 깨달아 실천하게 합니다.[2]

이런 행을 실천한다면 곧 '큰 지혜 광명'이 비추어 온갖 번뇌에서 벗어날 것입니다. 비록 온갖 번뇌를 벗어났더라도 온갖 번뇌를 벗어났다는 생각이 없어야 곧 높고도 올바른 최고의 깨달음을 얻습니다.[3]

그러므로 이를 일러 "이런 사람들은 여래의 '더할 나위 없이 높고도 올바른 깨달음'을 얻게 될 것이다.[荷擔如來]"라고 하는 것입니다. 마땅히 알아야 합니다. 이 경을 지닌 사람에게는 본디 헤아릴 수 없고 끝이 없는 불가사의한 공덕이 있는 것입니다.[4]

上道케하리라.

1. 當知하라. 說法之人 所得功德은 無有邊際이어 不可稱量이니라.

2. 聞經解義하여 如敎修行하며 復能廣爲人說하고 令諸衆生 得悟修行無相無着之行케 하니라.

3. 以能行此行하면 卽有大智慧光明이어 出離塵勞하리라. 雖離塵勞라도 不作離塵勞之 念해야 卽得阿耨多羅三藐三菩提라.

4. 故로 名荷擔如來니라. 當知하라. 持經之人은 自有無量無邊 不可思議功德이니라.

何以故 須菩提 若樂小法者 着我見 人見 衆生見 壽者見 則於此經 不能
聽受讀誦 爲人解說

"왜냐하면 수보리야, 작은 것에 집착하여 좁은 소견을 지닌 사람들
은 '나라는 생각에 집착하고, 남이라는 생각에 집착하며, 우리 중생
이라는 생각에 집착하고, 또는 이들 모두의 생명이 영원할 것이라는
생각에 집착하고 있는 것'과 같으니, 이 경의 가르침을 듣고 받아 읽고
외워서 다른 사람들을 위하여 그 뜻을 일러 줄 수 없기 때문이다."

작은 법을 즐긴다는 것은 이승二乘의 작은 과보를 즐겨 발심을
크게 못하는 것이니, 그러기에 곧 여래의 깊은 법에서 이 경전을
받아 지녀 읽고 외워서 다른 사람들을 위하여 풀이해 줄 수 없는
것입니다.[1]

須菩提 在在處處 若有此經 一切世間 天人 阿修羅 所應供養 當知 此處
則爲是塔 皆應恭敬 作禮圍遶 以諸華香 而散其處

"수보리야, 이 경전이 있는 곳은 어디든지, 온갖 세간에 있는 하늘의
신과 인간과 아수라가 이 가르침을 받들어 공양을 올릴 것이다.
마땅히 이곳을 부처님이 계시는 탑전으로 알고 공양하며 예를 올리
면서 온갖 꽃과 향으로써 아름답게 장엄해야 하느니라."

---

1. 樂小法者는 爲二乘人이 樂小果하여 不發大心이니 以不發大心故로 卽於如來深法에
   不能受持讀誦하여 爲人解說이니라.

사람들이 입으로 반야를 외우고 행동으로 반야를 실천하며 언제 어디서나 '번뇌가 사라져 달리 할 일이 없는 무위無爲' '시비 분별할 어떤 모습도 없는 무상無相'의 삶을 실천하면, 이 사람이 있는 곳은 부처님이 계시는 탑전과 같으니, 모든 사람과 하늘나라 신이 저마다 공양물을 가지고 와 공양하고 절을 하며 부처님과 다름없이 공경함을 느낄 수 있을 것입니다.[1]

이 『금강경』을 받아 지녀 읽고 외우는 사람들은 그 마음 가운데 본디 세존이 계시므로 '부처님이 계시는 탑전 같다'고 하는 것입니다. 마땅히 알아야 합니다. 이 사람이 지은 복덕은 헤아릴 수 없고 끝이 없습니다.[2]

---

1. 若人이 口誦般若하고 心行般若하며 在在處處에 常行無爲無相之行하면 此人所在之處는 如有佛塔이니 感得一切人天이 各持供養하고 作禮恭敬을 與佛無異하리라.
2. 能受持經者는 是人心中에 自有世尊故로 云 如佛塔廟니라. 當知하라 是人所作福德은 無量無邊이니라.

16. 전생에 지은 죄업이 소멸되고

_ 能淨業障分

復次 須菩提 善男子 善女人 受持讀誦 此經 若爲人輕賤 是人 先世罪
業 應墮惡道 以今世人輕賤故 先世罪業 則爲消滅 當得阿耨多羅三藐
三菩提

"또한 수보리야, 이 경을 받아 지녀 읽고 외우는 선남자 선여인이 만
약 다른 사람들에게 업신여김과 천대를 받는다면, 이 사람은 전생에
지은 죄업으로는 지옥 아귀 축생계로 떨어져야 하겠지만, 금생에 다
른 사람들이 업신여기고 천대하였으므로 이 일로 전생에 지은 죄업
이 소멸되어 높고도 올바른 깨달음을 얻게 되리라."

부처님께서 "부처님의 가르침을 배우고 실천하는 사람은 모든
사람과 하늘 신의 공양 공경을 받는다."라고 말씀하시지만, 많은
전생에 걸쳐 지은 업장이 무겁기에, 금생에 모든 부처님의 깊은
뜻이 담긴 경전을 받아 지니더라도 늘 사람들이 업신여기므로
공양 공경을 받지 못합니다.[1]

---

1. 佛言하기를 持經之人은 合得一切天人 恭敬供養이나 爲多生有重業障故로 今生에 雖

그러나 그 사람은 스스로 경전대로 배우고 실천하므로 나와 남을 분별하는 모습을 일으키지 않고, 원수나 친한 이를 가리지 않으며, 늘 모든 중생을 공경하며 번뇌 없이 탁 트여 시비 분별하는 마음이 없어, 생각마다 언제나 반야바라밀을 실천하니 모름지기 공부에서 물러남이 없습니다.[1]

이와 같이 수행함으로써 무량겁에 걸쳐 금생에 이르기까지 지었던 모든 극악무도한 업장을 다 소멸할 수 있는 것입니다.[2]

또 이치로 말하자면 '전생'이란 앞생각에서 일으킨 허망한 마음이요 '금생'이란 뒷생각에서 알아차린 깨달은 마음이니, 뒷생각의 깨달은 마음이 앞생각이 일으킨 허망한 마음을 밀쳐내어 그 허망한 마음이 머물 수 없기에, "전생에 지은 죄업이 소멸된다."라고 말하는 것입니다.[3]

허망한 생각이 이미 없다면 죄업이 생기지 않으니 곧 깨달음을 얻게 됩니다.[4]

得受持諸佛如來 甚深經典이더라도 常被人輕賤이어 不得人恭敬供養이라.

1. 自以受持經典故로 不起人我等相하고 不問寃親하며 常行恭敬하며 心無惱恨이어 蕩然 無所計較하여 念念 常行般若波羅蜜하니 曾無退轉이니라.

2. 以能如是修行故로 得 從無量劫 以至今生의 所有極重惡障을 悉皆消滅이라.

3. 又 約理而言하면 先世者 卽是前念妄心이요 今世者 卽是後念覺心이니 以後念覺心 輕賤前念妄心하여 妄不能住일새 故로 云 先世罪業이 卽爲消滅이라.

4. 妄念이 旣滅이면 罪業이 不成이어 卽得菩提也니라.

須菩提 我念過去 無量阿僧祇劫 於燃燈佛前 得值 八百四千萬億 那由

他諸佛 悉皆供養 承事無空過者 若復有人 於後末世 能受持讀誦此經

所得功德 於我所供養 諸佛功德 百分不及一 千萬億分 乃至 算數譬喻

所不能及

"수보리야, 내가 과거 헤아릴 수 없이 많은 세월을 생각해 보니, 불꽃

처럼 빛나는 연등 부처님을 만나 뵙기 전에도, 팔백사천만억 상상할

수도 없이 많은 부처님을 만나 그 부처님을 모두 다 공양하고 섬겼기

에 헛되이 보낸 세월이 없었느니라."

"만약 뒷날 부처님의 법이 쇠퇴할 때 어떤 사람이 이 경을 받아 지녀

읽고 외운다면, 이 사람이 얻는 공덕에 비해 내가 모든 부처님께 공양

올린 공덕은 그 백분의 일에도 미치지 못하고, 천만억분의 일에도

미치지 못하며, 더 나아가 어떤 숫자로 셈하거나 비유하더라도 미칠

수가 없느니라."

갠지스 강 모래알 수만큼 많은 부처님께 공양하고, 삼천대천세

계에 가득 찬 보배를 보시하며, 헤아릴 수 없이 많은 몸을 바쳐 보

시한 온갖 복덕도 경을 지닌 복덕에 미치지 못하는 것은, 한 생각

에 '시비 분별할 어떤 모습도 없는 무상無相'의 이치를 깨달아 복

덕을 바라는 마음이 없이 중생의 잘못된 지견을 멀리 떠나 부처

님이 계신 세상에 도달하니, 영원히 삼악도의 고통을 벗어나 '번

뇌가 다 사라진 열반'을 증득하기 때문입니다.[1]

---

1. 供養恒沙諸佛하고 施寶滿三千界하며 捨身如微塵數 種種福德도 不及持經은 一念에

須菩提 若善男子 善女人 於後末世 有受持讀誦 此經所得功德 我若具說
者 或有人聞 心則狂亂 狐疑不信

"수보리야, 만약 선남자 선여인이 뒷날 부처님의 법이 쇠퇴할 때 이
경을 받아 지녀 읽고 외워서 얻는 공덕을 내가 모두 상세히 말한다면,
혹 어떤 사람들은 그 말을 듣고는 이해가 안 되어 마음이 몹시 어지러
워 의심하며 믿지 않을 것이다."

부처님께서 말씀하고 계십니다.
"말법 중생은 복덕이 없고 번뇌가 많아 질투만 가득하니 뭇 성인
들이 자취를 감추고 삿된 견해가 치성하다."[1]

"이때 만약 어떤 선남자 선여인이 이 경을 받아 지녀 읽고 외운
다면 온갖 모습에 대한 집착을 떠나 얻을 바 없음을 아니, 생각마
다 '늘 함께 기뻐하며 차별 없는 마음으로 베푸는 자비'를 실천하
고 겸손하고 부드러운 마음으로 결국에는 '최고의 깨달음'을 성
취한다."[2]

悟無相理하여 息希望心이어 遠離衆生 顚倒知見하여 卽到波羅彼岸하니 永出三塗苦
하여 證無餘涅槃일새니라.
1. 佛言하니라. 末法衆生은 德薄垢重하여 嫉妬彌深하니 衆聖이 潛隱하고 邪見이 熾盛이라.
2. 於此時中 如有善男子善女人이 受持讀誦此經하면 圓離諸相하여 了無所得하니 念念
常行慈悲喜捨하고 謙下柔和로 究竟成就 無上菩提니라.

"간혹 성문의 좁은 소견으로는 여래의 정법이 영원히 멸하지 않는 것임을 모르기에, '여래가 멸한 후 뒷날 오백년 동안 어떤 사람이 시비 분별할 어떤 모습도 없는 무상無相의 마음을 성취하고 시비 분별할 어떤 모습도 없는 무상無相의 삶을 실천하여 높고도 바른 깨달음을 얻었다'고 설하는 소리를 들으면 곧 놀랍고도 두려운 마음이 생겨 의심하고 믿지 않을 것이다."[1]

須菩提 當知 是經義 不可思議 果報 亦不可思議

"수보리야, 마땅히 알아야 한다. 이 경의 뜻은 불가사의하며, 그 과보 또한 불가사의한 것이니라."

이 경의 뜻은 곧 '집착이 없는 무착無着' '시비 분별할 어떤 모습도 없는 무상無相의 삶'입니다. '불가사의한 것이다'고 말한 것은 '집착이 없는 무착無着' '시비 분별할 어떤 모습도 없는 무상無相의 삶'이 '더할 나위 없이 높고도 올바른 깨달음'을 성취할 수 있음을 찬탄한 것입니다.[2]

---

1. 或有聲聞小見은 不知 如來正法 常在不滅일새 聞說 如來滅後 後五百歲에 有人이 能成就無相心하고 行無相行하여 得阿耨多羅三藐三菩提라하면 則心生驚怖하여 狐疑不信하리라.
2. 是經義者는 卽是 無着無相行이니라. 云 不可思議者는 讚歎 無着無相行이 能成就阿耨多羅三藐三菩提也니라.

17. 무아를 통달해야 참다운 보살

_ 究竟無我分

爾時 須菩提 白佛言 世尊 善男子 善女人 發阿耨多羅三藐三菩提心 云何
應住 云何降伏其心 佛告 須菩提 若善男子善女人 發阿耨多羅三藐三菩
提心者 當生如是心 我應滅度 一切衆生 滅度一切衆生已 而無有一衆生
實滅度者

그때 장로 수보리가 부처님께 사뢰어 물었다.

"세존이시여, '더할 나위 없이 높고도 올바른 깨달음'을 얻고자 마음
을 낸 선남자 선여인은 어떻게 살아야 하며 어떻게 마음을 다스려야
합니까?"

부처님께서 장로 수보리에게 일러 말씀하셨다.

"만약 선남자 선여인이 '더할 나위 없이 높고도 올바른 깨달음'을 얻
고자 한다면 이와 같은 마음을 내야 하니, '나는 온갖 중생을 남김없이
제도해야 하지만, 모든 중생을 남김없이 제도하고 나면 실로 제도한
중생은 하나도 없다'는 마음을 내어야 한다."

수보리가 부처님께 "여래께서 멸도하신 후 뒷날 말세 오백년 동안 '더할 나위 없이 높고도 올바른 깨달음'을 얻고자 마음을 낸 사람들은 어떻게 살아야 하며 어떻게 그들의 마음을 다스려야 합니까?"라고 물으니,[1]

부처님께서 "모든 중생을 남김없이 제도하겠다는 마음을 내야 할 것이며, 모든 중생을 남김없이 제도해 이들이 모두 성불한 뒤에도 내가 제도한 중생을 한 사람도 볼 수 없어야 한다."라고 말씀하셨습니다.[2]

왜냐하면 '나와 경계로 분별하는 마음'을 없앴기 때문이고, '중생이 있다는 견해'를 없앴기 때문이며, 또한 '내가 본다는 견해'를 없앴기 때문입니다.[3]

何以故 須菩提 若菩薩 有我相 人相 衆生相 壽者相 則非菩薩 所以者何 須菩提 實無有法 發阿耨多羅三藐三菩提心者

"무엇 때문이겠느냐, 수보리야."

---

1. 須菩提가 問佛하기를 如來滅後 後五百歲에 若有人 發阿耨多羅三藐三菩提心者는 依何法而住며 如何降伏其心이오하니

2. 佛言하시기를 當發度脫一切衆生心이며 度脫一切衆生하여 盡得成佛已에 不得見有一衆生 是我度者니라.

3. 何以故오 爲除能所心也이고 除有衆生見也이며 亦除我見也이니라.

"만약 보살이 '나라는 모습에 집착하고, 남이라는 모습에 집착하며, 나와 남들이 어울려 생겨나는 우리 중생이라는 모습에 집착하고, 또는 이들 모두의 생명이 영원할 것이라는 모습에 집착하는 것'이라면 이는 보살이 아니기 때문이니, 왜냐하면 수보리야, 실로 '깨달음을 얻게 할 법'이란 없기 때문이다."

보살이 만약 제도해야 할 중생이 있다고 생각하면 곧 아상이요, 중생을 제도한다는 마음이 있으면 인상이요, 열반을 찾는다 말하면 중생상이요, 열반을 증득할 수 있는 것이라 생각하면 수자상이니, 이 네 가지 상이 있으면 곧 보살이 아닙니다.[1]

법이 있다는 것은 아상·인상·중생상·수자상 이 네 가지 법을 말하니, 이 법을 없애지 않으면 끝내는 깨달음을 얻을 수 없습니다. 만약 '나는 도 닦을 마음을 내지 않았다'고 말하더라도 이 또한 아상·인상·중생상·수자상의 법이 되니 이 법들이 곧 번뇌의 근본입니다.[2]

---

1. 菩薩이 若見有衆生可度면 卽是我相이요 有能度衆生心이면 卽是人相이요 謂涅槃可求면 卽是衆生相이요 見有涅槃可證이면 卽是壽者相이니 有此四相이면 卽非菩薩也니라.
2. 有法者는 我人衆生壽者 四法也니 若不除四法이면 終不得菩提니라. 若言 我不發菩提心者라도 亦是我人等法이니 我人等法이 卽是煩惱根本이니라.

須菩提 於意云何 如來 於燃燈佛所 有法 得阿耨多羅三藐三菩提不 不也
世尊 如我解 佛所說義 佛 於燃燈佛所 無有法 得阿耨多羅三藐三菩提

"수보리야, 그대는 어떻게 생각하느냐? 여래께서 불꽃처럼 빛나는
연등 부처님 처소에 계실 때에 '올바른 깨달음이란 법'을 얻은 것이
있겠느냐?"

"아닙니다, 세존이시여. 제가 부처님께서 말씀하신 뜻을 이해하기
로는 부처님께서 불꽃처럼 빛나는 연등 부처님의 처소에서 '올바른
깨달음이란 법'을 얻은 것이 없습니다."

부처님께서 수보리에게 "내가 스승님이 계신 곳에서 사상四相을
없애지 않고 수기를 받을 수 있었겠느냐?" 물으시니, 수보리는
'시비 분별할 어떤 모습도 없는 무상無相'의 이치를 깊이 알고 있
었으므로 "아닙니다."라고 말하는 것입니다.[1]

佛言 如是如是
부처님께서 말씀하셨다.
"맞다, 맞는 소리이다."

부처님이 말씀하신 뜻을 잘 이해하므로 '맞다'고 하시니, '맞다

---

1. 佛 告須菩提하되 我於師處에서 不除四相하고 得受記不아. 須菩提는 深解無相之理이
   니 故로 言 不也니라.

라는 말은 곧 수보리를 인정해 주는 말입니다.[1]

須菩提 實無有法 如來 得阿耨多羅三藐三菩提 須菩提 若有法 如來 得阿
耨多羅三藐三菩提者 燃燈佛 則不與我授記 汝於來世 當得作佛 號釋迦
牟尼

"수보리야, 실로 어떤 법이 있어 여래께서 '더할 나위 없이 높고도
올바른 깨달음'을 얻은 것이 아니니라.

수보리야, 만약 여래께서 '더할 나위 없이 높고도 올바른 깨달음'을
어떤 실체가 있는 법으로써 얻은 것이라면, 불꽃처럼 빛나는 연등
부처님께서 나에게 '그대는 오는 세상에 부처님이 되어 석가모니라
불릴 것이다'라는 수기를 주시지 않았을 것이다."

부처님께서 "실로 아상·인상·중생상·수자상이 없어야 비로소
깨달음에 대한 수기를 받는다. 깨달음을 얻겠다는 마음이 내게
있었다면 불꽃처럼 빛나는 연등 부처님은 나에게 수기를 주지
않았을 것이다. 실로 얻은 바가 없으므로 불꽃처럼 빛나는 연등
부처님이 나에게 깨달음의 수기를 주었다."라고 말씀하신 내용
들은 모두 수보리가 무아無我의 이치를 성취한 것을 말합니다.[2]

---

1. 善契佛意일새 故言 如是니 如是之言은 是印可之辭니라.
2. 佛言하되 實無我人衆生壽者이어아 始得授菩提記니라. 我若有發菩提心이면 然燈佛이
   卽不與我授記니라. 以實無所得일새 然燈佛이 始與我授菩提記라하니 此一段文은 總
   成須菩提 無我義니라.

以實無有法 得阿耨多羅三藐三菩提 是故 燃燈佛 與我授記 作是言 汝於
來世 當得作佛 號釋迦牟尼 何以故 如來者 即諸法如義

"실로 얻을 '더할 나위 없이 높고도 올바른 깨달음'이란 어떤 법도
없는 것이니, 이런 까닭에 불꽃처럼 빛나는 연등 부처님께서 나에
게 '그대는 오는 세상에 부처님이 되어 석가모니라 불릴 것이다'
말씀하시면서 수기를 주신 것이다.
왜냐하면 여래란 곧 모든 것이 모자라거나 남음이 없이 있는 그대로
여여如如하다는 뜻이기 때문이다."

"모든 것이 모자라거나 남음이 없이 있는 그대로 여여如如하다
는 뜻"이란 무엇을 말하는 것입니까? 모든 법은 곧 색·성·향·미
·촉·법이니, 이 육진 가운데 잘 분별하되 그 본바탕이 맑고 깨끗
하여 물들지 않으니 일찍이 변한 적이 없습니다. 허공처럼 움직
이지 않으면서 오롯하게 모든 인연에 통하여 환히 밝아 영원토
록 언제나 존재하니 이를 일러 '모든 법이 모자라거나 남음이 없
이 있는 그대로 여여如如하다는 뜻'이라 합니다. 『보살영락경』에
서 "칭찬하고 헐뜯는 것에 마음이 흔들리지 않는 것이 여래의 행
실이다."라고 하고, 『입불경계경入佛境界經』에서는 "모든 욕망
에 물들지 않으므로 부처님을 예배하고 공경하되 보는 바가 없
다."라고 하고 있습니다.[1]

---

1. 言諸法如意者란 諸法은 即是色聲香味觸法이니 於此六塵中에 善能分別하되 而本體
   湛然이어 不染不着하니 曾無變異라. 如空不動이어 圓通瑩徹하여 歷劫常存하니 是名諸
   法如義니라. 菩薩瓔珞經에 云 毁譽不動이 是如來行이라하고 入佛境界經에 云 諸欲不

若有人言 如來 得阿耨多羅三藐三菩提 須菩提 實無有法 佛得阿耨多羅
三藐三菩提 須菩提 如來所得 阿耨多羅三藐三菩提 於是中 無實無虛

"만약 어떤 사람이 '여래께서 더할 나위 없이 높고도 올바른 깨달음을 얻었다'고 말하여도, 수보리야, 실로 부처님께서 얻은 깨달음이라고 할 어떤 법도 없느니라.
수보리야, 여래께서 얻은 '더할 나위 없이 높고도 올바른 깨달음'은 참된 것도 아니요 헛된 것도 아니다."

부처님께서 "실로 얻을 바 없는 마음으로 깨달음을 얻었다."라고 말씀하신 것은, '깨달음을 얻었다는 마음'이 일어나지 않았기 때문입니다. 이런 까닭에 '깨달음'을 얻은 것입니다.[1]

이 마음을 떠나 다시 얻을 수 있는 깨달음이 없으므로 "참된 것이 아니다."라고 하고, 얻었다는 마음이 모두 사라진 고요한 마음에 온갖 것을 아는 지혜와 온갖 보살행이 본디 다 갖추어져 있어 갠지스 강 모래알만큼 많은 부처님의 덕성을 베푸는 데 조금도 부족함이 없기에 "헛된 것이 아니다."라고 말한 것입니다.[2]

染故로 敬禮無所觀이니라.
1. 佛言 實無所得心으로 而得菩提라함은 以所得心不生일새니라. 是故로 得菩提니라.
2. 離此心外에 更無菩提可得일새 故言 無實也라하고 所得心寂滅에 一切智本有 萬行悉
   圓備하여 恒沙德性이 用無乏少일새 故言 無虛也니라.

是故 如來 說一切法 皆是佛法 須菩提 所言一切法者 即非一切法 是故 名
一切法

"이런 까닭에 여래께서는 모든 법이 다 부처님의 법이라고 하느니라.
수보리야, 모든 법은 곧 모두 실체가 있는 법이 아니므로, 이를 일러
모든 법이라 한다."

모든 법에서 취하거나 버리는 마음이 없고 나와 경계로 나누는
마음도 없다면, 온갖 법을 거침없이 내세우면서도 마음은 언제
나 고요하니, 그러므로 모든 법이 다 불법임을 알아야 합니다.[1]

어리석은 사람들이 온갖 법을 탐하고 집착하여 이것으로써 불법
을 삼을까 걱정되어, 이 병을 없애려고 했기 때문에 "곧 이는 모
두 실체가 있는 법이 아니다."라고 말한 것입니다.[2]

마음에 나와 경계를 분별하는 마음이 없이 고요하면서 늘 지혜
로 비춘다면, 선정과 지혜가 함께 행해지고 '체體'와 '용用'[3]이 하
나가 되기에, 이런 까닭에 '모든 법'이라 하는 것입니다.[4]

---

1. 能於諸法에 心無取捨하고 亦無能所하면 熾然建立一切法해도 而心常空寂이니 故로
   知一切法 皆是佛法이니라.
2. 恐 迷者 貪着一切法하여 以爲佛法일까하여 爲遣此病故로 言 卽非一切法이니라.
3. 체는 바탕이요, 용은 쓰임이니 마치 등불과 불빛의 관계에서 등불이라는 바탕 자체
   가 작용할 때에는 불빛이나, 불빛의 작용 그대로가 등불인 것과 같다. 등불은 체體
   가 되고 불빛은 용用이다.
4. 心無能所이어 寂而常照하면 定慧齊行하고 體用一致일새 是故로 名一切法也이니라.

須菩提 譬如人身長大 須菩提言 世尊 如來說 人身長大 卽爲非大身 是名
大身

"수보리야, 비유하면 사람의 몸이 참으로 큰 것과 같으니라."

장로 수보리가 부처님께 사뢰어 말하였다.

"세존이시여, 여래께서 사람의 몸이 참으로 크다고 말씀하시는 것
은, 곧 어떤 실물로 나타나는 큰 몸이 아니기 때문에, 이를 일러 큰
몸이라 하는 것입니다."

"여래께서 사람의 몸이 참으로 크다고 말씀하시는 것은, 곧 어떤
실물로 나타나는 큰 몸이 아니기 때문이다."라고 한 것은, 모든
중생의 법신이 본디 머무는 곳이 없음을 드러내려고 했기 때문
에 "이는 곧 어떤 실물로 나타나는 큰 몸이 아니다."라고 말한 것
입니다. 이 법신은 '둘이 아닌 불이不二'이어서 어떤 한계가 없으
니 이를 일러 큰 몸이라 합니다.[1]

또 색신이 크더라도 지혜가 없으면 곧 큰 몸이 아니요, 색신이 비
록 작더라도 지혜가 있으면 큰 몸이라 할 수 있습니다.[2]

---

1. 如來說 人身長大 卽爲非大身者는 以顯一切衆生의 法身이 本無處所故로 言 卽非大
   身이니라. 法身은 不二이어 無有限量이니 是名大身이라.
2. 又 以色身이 雖大라도 內無智慧이면 卽非大身也요 色身이 雖小라도 內有智慧이면 得名
   大身이니라.

지혜가 있더라도 이를 의지하여 실천하지 않으면 곧 큰 몸이 아니요, 부처님의 가르침에 의지하여 수행해서 모든 부처님의 무상지견을 깨달아 들어가 그 마음에 나와 경계의 분별이 없다면 이를 일러 큰 몸이라 하는 것입니다.[1]

須菩提 菩薩 亦如是 若作是言 我當滅度 無量衆生 則不名菩薩 何以故 須菩提 實無有法 名爲菩薩 是故 佛說一切法 無我 無人 無衆生 無壽者

"수보리야, 보살 또한 이와 같아서 만약 '내가 헤아릴 수 없이 많은 중생들을 남김없이 제도하리라' 말한다면, 곧 이는 보살이라 할 수 없다. 왜냐하면 수보리야, 실로 보살이라고 할 어떤 법도 없기 때문에 이를 일러 보살이라 한다.

이런 까닭에 부처님께서는 '모든 법에는 나라고 집착할 것이 없고, 남이라고 집착할 것이 없으며, 나와 남들이 어울려 생겨나는 우리 중생이라고 집착할 것이 없고, 이들 모두의 생명이 영원할 것이라고 집착할 것이 없다고 말씀하신다."

---

1. 雖有智慧라도 不能依行이면 卽非大身이요 依敎修行 悟入諸佛無上知見하여 心無能所限量이면 是名大身이니라.

보살이 "내가 법을 설하여 저 사람들의 번뇌를 제거했다."라고
말한다면 곧 '나라는 모습에 집착하고 법이라는 모습에 집착하
는 것'입니다.[1]

내가 중생들을 제도할 수 있다고 말한다면 곧 '나라는 모습이 있
는 것'입니다.[2]

비록 중생들을 제도했더라도, 마음에 '나와 남'이라는 분별심이
있어 '나라는 모습에 집착하고 남이라는 모습에 집착하는 것'을
제거하지 않았다면 보살이라 부를 수 없습니다.[3]

거침없이 온갖 방편을 설하여 중생을 교화하고 제도하되 마음에
'나와 남'이라는 분별심이 없다면 곧 보살입니다.[4]

---

1. 菩薩이 若言 因我說法하여 除得彼人煩惱라하면 卽是法我니라.
2. 若言 我能度得衆生이라하면 卽有我所니라.
3. 雖度脫衆生이더라도 心有能所이어 我人不除하면 不得名爲菩薩이라.
4. 熾然說種種方便하여 化度衆生하되 心無能所이면 卽是菩薩也니라.

須菩提 若菩薩 作是言 我當 莊嚴佛土 是不名菩薩 何以故 如來說 莊嚴佛土者 即非莊嚴 是名莊嚴

"수보리야, 보살이 만약 '내가 부처님의 국토를 장엄하리라' 말한다면 이를 일러 보살이라 할 수 없다. 왜냐하면 여래께서 '부처님의 국토를 장엄하리라' 말씀하신 것은 곧 어떤 실물로 장엄하는 것이 아니므로 이를 일러 장엄이라 하기 때문이다."

보살이 "내가 세계를 만든다."라고 말한다면 곧 보살이 아닙니다. 비록 세계를 만들 수 있더라도 마음에 '나와 남이라는 분별'이 있다면 보살이 아니니, 거침없이 세계를 만들되 '나와 남이라는 분별'이 생기지 않아야 이를 일러 보살이라 합니다.[1]

『최승묘정경』에 "설사 어떤 사람이 하얀 은으로 절을 지어 삼천대천세계에 가득 채우더라도 그 복덕은 한 생각 선정에 들어간 마음보다도 못하다."라고 했으니,
마음에 '나와 남이라는 분별'이 있다면 선정이 아니요, '나와 남이라는 분별'이 생기지 않으면 이를 일러 선정이라 하니, 선정은 곧 '맑고 깨끗한 마음'입니다.[2]

---

1. 菩薩이 若言 我能建立世界者라면 即非菩薩이라. 雖能建立世界라도 心有能所이면 即非菩薩이니 熾然建立世界하되 能所心이 不生하여야 是名菩薩이니라.
2. 最勝妙定經에 云假使有人이 造得白銀精舍 滿三千大千世界라도 不如一念禪定心이라하니 心有能所이면 即非禪定이요 能所不生이면 是名禪定이니 禪定 即是清淨心也니라.

須菩提 若菩薩 通達無我法者 如來說名 眞是菩薩

"수보리야, 만약 보살이 '고정된 나라는 실체가 없어 집착할 어떤 법
도 없다'라는 이치에 통달하였다면, 여래께서는 이를 일러 참다운
보살이라고 말씀하시느니라."

모든 법에서 걸림이 없는 것 이를 일러 통달이라 하고, '법을 알았
다는 마음을 내지 않는 것' 이를 일러 '무아법'이라고 합니다. '법
을 알았다는 마음을 내지 않는 것'이 여래께서 말하는 참다운 보
살입니다. 자신의 역량에 따라 보살행을 실천하는 것 또한 보살
이라 할 수 있지만 아직 참다운 보살은 아닙니다. 앎과 행이 오롯
해져 '나와 남이라는 온갖 분별'이 다 없어져야 비로소 참다운 보
살이라 부를 수 있습니다.[1]

---

1. 於諸法相에 無所滯礙를 是名通達이라하고 不作解法心 是名無我法이라. 無我法者가
   如來說 名眞是菩薩이니라. 隨分行持를 亦得名爲菩薩이라 然이나 未爲眞菩薩이니라.
   解行이 圓滿하여 一切能所心이 盡하여야 方得名爲眞是菩薩也니라.

18. 과거 현재 미래의 마음은 얻을 수 없다

_ 一體同觀分

須菩提 於意云何 如來 有肉眼不 如是 世尊 如來 有肉眼 須菩提 於意云何
如來 有天眼不 如是 世尊 如來 有天眼 須菩提 於意云何 如來 有慧眼不
如是 世尊 如來 有慧眼 須菩提 於意云何 如來有法眼不 如是 世尊 如來
有法眼 須菩提 於意云何 如來 有佛眼不 如是 世尊 如來 有佛眼

"수보리야, 그대는 어떻게 생각하느냐? 여래에게 '육신의 눈'이 있겠
느냐?"

"그렇습니다, 세존이시여. 여래에게는 '육신의 눈'이 있습니다."

"수보리야, 그대는 어떻게 생각하느냐? 여래에게 '하늘의 눈'이 있겠
느냐?"

"그렇습니다, 세존이시여. 여래에게는 '하늘의 눈'이 있습니다."

"수보리야, 그대는 어떻게 생각하느냐? 여래에게 '지혜의 눈'이 있겠
느냐?"

"그렇습니다, 세존이시여. 여래에게는 '지혜의 눈'이 있습니다."

"수보리야, 그대는 어떻게 생각하느냐? 여래에게 '법의 눈'이 있겠느
냐?"

"그렇습니다, 세존이시여. 여래에게는 '법의 눈'이 있습니다."

"수보리야, 그대는 어떻게 생각하느냐? 여래에게 '부처님의 눈'이 있겠느냐?"

"그렇습니다, 세존이시여. 여래에게는 '부처님의 눈'이 있습니다."

모든 사람에게 오안五眼이 있지만 어리석음에 덮여 스스로 볼 수가 없습니다. 그러므로 부처님의 가르침으로 어리석음을 제거하면 곧 오안이 오롯이 밝아 생각 생각에 '반야바라밀법'을 수행합니다.[1]

처음 어리석은 마음을 없애는 것 이를 일러 '육신의 눈'이라 하고, 모든 중생에게 불성이 있음을 보고 애틋한 마음을 일으키는 것 이를 일러 '하늘의 눈'이라 하며, 어리석은 마음이 일어나지 않는 것 이를 일러 '지혜의 눈'이라 하고, 법에 집착하는 마음이 없어지는 것 이를 일러 '법의 눈'이라 하며, 미세한 번뇌까지 다 영원히 없어져 오롯하게 밝아 모든 것을 빠짐없이 두루 비추는 것 이를 일러 '부처님의 눈'이라 합니다.[2]

또 몸 가운데에 법신이 있음을 보는 것 이를 일러 '육신의 눈'이라

---

1. 一切人 盡有五眼이지만 爲迷所覆이어 不能自見이라. 故로 佛敎 除却迷心하면 卽五眼 圓明하여 念念 修行般若波羅蜜法이라.

2. 初除迷心을 名爲肉眼이라하고 見一切衆生 皆有佛性이어 起憐憫心을 是名天眼이라하며 癡心不生을 名爲慧眼이라하고 着法心除를 名爲法眼이라하며 細惑永盡하여 圓明徧 照를 名爲佛眼이라하니라.

하고, 모든 중생이 저마다 반야의 성품을 갖추고 있음을 보는 것
이를 일러 '하늘의 눈'이라 하며, 반야바라밀에서 삼세 온갖 법을
만들어냄을 보는 것 이를 일러 '지혜의 눈'이라 하고, 모든 불법
이 본디 저절로 갖추어져 있음을 보는 것 이를 일러 '법의 눈'이라
하며, 자신의 참성품이 안팎으로 밝고 환하여 '나와 남이라는 분
별'이 영원히 없어진 자리를 보는 것 이를 일러 '부처님의 눈'이
라 합니다.[1]

須菩提 於意云何 如恒河中所有沙 佛說 是沙不 如是 世尊 如來說 是沙
須菩提 於意云何 如一恒河中 所有沙有 如是沙等恒河 是諸恒河 所有沙
數 佛世界 如是 寧爲多不 甚多 世尊

"수보리야, 그대는 어떻게 생각하느냐? 저 갠지스 강에 있는 모든
모래알에 대해 부처님께서 말씀하신 적이 있었느냐?"

"그렇습니다, 세존이시여. 여래께서는 저 갠지스 강에 있는 모래알
에 대해 말씀하신 적이 있습니다."

"수보리야, 그대는 어떻게 생각하느냐? 저 갠지스 강에 있는 모든
모래알 수만큼 많은 갠지스 강이 있고 또 그 모든 갠지스 강에 있는
모든 모래알 수만큼 많은 부처님의 세계가 있다면 이를 많다고 할
수 있겠느냐?"

---

1. 又云 見色身中에 有法身을 名爲肉眼이라하고 見一切衆生 各具般若性을 名爲天眼이
라하며 見般若波羅蜜에서 能出生三世一切法을 名爲慧眼이라하고 見一切佛法 本來自
備를 名爲法眼이라하며 見性明徹하여 能所永除를 名爲佛眼也니라.

"세존이시여, 참으로 많습니다."

갠지스 강은 인도 기원정사 근처에 있는 강입니다. 여래께서 법을 설하실 때 항상 이 강에 비유해서 말씀하셨습니다.[1]

부처님께서 이 강에 있는 모래알 한 알을 하나의 부처님 세계에 비유하여 "많으냐?"라고 물으니, 수보리가 "참으로 많습니다, 세존이시여."라고 답하였습니다.[2]

부처님께서 이 많은 국토를 예로 든 것은 그 많은 국토에 있는 중생 한 사람 한 사람이 모두 그 수만큼의 각기 다른 마음을 가지고 있다는 것을 밝히려고 한 것입니다.[3]

佛告 須菩提 爾所國土中 所有衆生 若干種心 如來悉知 何以故 如來說 諸心 皆爲非心 是名爲心
부처님께서 장로 수보리에게 일러 말씀하셨다.
"저 국토 가운데 있는 모든 중생의 마음 하나하나를 여래께서는 낱낱이 다 아신다. 왜냐하면 여래께서 말씀하신 온갖 마음은 모두 실체가

---

1. 恒河者는 西國 祇園精舍 側近之河也라.
2. 如來說法에 常指此河爲喩하니라. 佛說 此河中沙 一沙로 況一佛世界하여 以爲多不아 하니 須菩提가 言하되 甚多니라 世尊이시여.
3. 佛이 擧此衆多國土者는 欲明 其中所有衆生 ──衆生이 皆有爾許心數니라.

있는 마음이 아니므로, 이를 일러 마음이라 하기 때문이다."

저 국토 가운데 있는 모든 중생 한 사람 한 사람이 모두 각기 다른 마음들을 가지고 있으니, 마음의 종류가 비록 많다 해도 결국은 다 허망한 마음이라 하는 것입니다.[1]

허망한 마음이 마음 아닌 줄 알면 이를 일러 '마음'이라 한 것이니, 이 마음이 '참마음'이며 '영원한 마음'이며 '부처님의 마음'이며 '큰 지혜로 깨달음을 얻는 마음'이며 '맑고 깨끗한 깨달음으로서 열반의 마음'입니다.[2]

所以者何 須菩提 過去心不可得 現在心不可得 未來心不可得
"왜 그런가 하면 수보리야, 지나간 마음은 이미 없어져 얻을 수 없고, 현재의 마음은 잠시도 머물지 않아 얻을 수 없으며, 미래의 마음은 아직 오지를 않아 얻을 수 없기 때문이니라."

'지나간 마음은 얻을 수 없다'라는 것은 앞생각에 있던 헛된 마음이 문득 지나감에 찾아보아도 찾아볼 수가 없고, '현재의 마음도 얻을

---

1. 爾所國土中 所有衆生 一一衆生이 皆有若干差別心數하니 心數雖多라도 總名妄心이라.
2. 識得妄心非心하면 是名爲心이니 此心이 卽是眞心이며 常心이며 佛心이며 般若波羅蜜心이며 淸淨菩提涅槃心也니라.

수 없다라는 것은 참 마음에 어떠한 모습도 없으니 현재의 마음을 무엇에 의지해 볼 수 있겠으며, '미래의 마음도 얻을 수 없다'라는 것은 미래가 아직 오지 않았기에 본디 얻을 수가 없습니다.[1]

이렇게 과거 현재 미래에 집착하던 마음들이 이미 다 없어져서 다시 일어나지 않으니, 이 얻을 수 없는 세 마음을 알면, 이를 일러 '부처님이 되었다'고 하는 것입니다.[2]

---

1. 過去心不可得者는 前念妄心이 瞥爾已過에 追尋 無有處所이고 現在心不可得者는 眞心에 無相이니 憑何得見이며 未來心不可得者는 本無可得이라.
2. 習氣已盡하여 更不復生이니 了此三心不可得이면 是名爲佛也니라.

19. 복덕의 실체가 없는 까닭에

_ 法界通化分

須菩提 於意云何 若有人 滿三千大千世界七寶 以用布施 是人 以是因緣
得福多不 如是 世尊 此人 以是因緣 得福甚多 須菩提 若福德有實 如來
不說 得福德多 以福德 無故 如來說 得福德多

"수보리야, 그대는 어떻게 생각하느냐? 만약 어떤 사람이 있어 삼천
대천세계를 일곱 가지 보배로 가득 채워 다른 사람들에게 베푼다면
이 사람은 그 인연으로 얻게 되는 복덕이 많겠느냐?"

"그렇습니다, 세존이시여. 이 사람은 그 인연으로 얻게 되는 복덕이
참으로 많습니다."

"수보리야, 만약 복덕이 실제로 있는 것이라면 여래께서는 복덕이
많다고 말씀하지 않았을 것이다.

복덕의 실체가 없는 까닭에 여래께서 복덕이 많다고 말씀하신 것이
니라."

칠보의 복덕으로는 깨달음을 성취할 수 없으니 그러므로 '복덕이 없다고 한 것입니다. 수보리가 복덕을 수량에 두고 이야기하므로 '복덕이 많다'고 하였지만, 만약 그것이 수량을 뛰어넘는 것이라면 '많다'고 하지 않았을 것입니다.[1]

---

1. 七寶之福은 不能成就佛果菩提이니 故로 言 無也니라. 以其在量數故로 名曰多이나 如能超過量數하면 卽不說多也니라.

20. 몸과 형상을 떠나 있어야

_ 離色離相分

須菩提 於意云何 佛 可以具足色身 見不 不也 世尊 如來 不應 以具足色身
見 何以故 如來說 具足色身 卽非具足色身 是名具足色身

"수보리야, 그대는 어떻게 생각하느냐? '뛰어나게 아름다운 몸'으로
부처님을 볼 수 있겠느냐?"

"아니요 그렇지 않습니다, 세존이시여. 여래를 '뛰어나게 아름다운
몸'으로는 볼 수 없습니다. 왜냐하면 여래께서 말씀하는 '뛰어나게
아름다운 몸'은 어떤 실물로 있는 '뛰어나게 아름다운 몸'이 아니므
로, 이를 일러 '뛰어나게 아름다운 몸'이라 하기 때문입니다."

부처님께서 중생들이 법신을 보지 못하고 다만 삼십이상 팔십종
호로 이루어진 금빛 몸만 보고서 이것으로 '여래의 참다운 몸'이
라 여길까 걱정되어, 이 어리석음을 없애주기 위하여 수보리에게
"'뛰어나게 아름다운 몸[具足色身]'으로 부처님을 볼 수 있겠느
냐?"라고 물으셨습니다. 삼십이상은 곧 '뛰어나게 아름다운 몸'이
아니니, 안으로 '서른두 가지 맑고 깨끗한 행'을 갖추어야 이를 일

러 '뛰어나게 아름다운 몸'이라 하는 것입니다.[1]

'맑고 깨끗한 행'은 보시·지계·인욕·정진·선정·지혜인 육바라밀
행입니다. 바깥 경계를 받아들이는 안이비설신眼耳鼻舌身 오근에
서 육바라밀행을 닦고, 사유하고 판단하는 의근意根에서 선정과
지혜를 함께 닦아야 이를 일러 '뛰어나게 아름다운 몸'이라 하니,
부질없이 여래의 '서른두 가지 모습'만 좋아하고 안으로 '서른두
가지 맑고 깨끗한 행'을 실천하지 않는다면 이는 '뛰어나게 아름
다운 몸'이 아닙니다.[2]

몸으로 드러난 여래의 모습만을 좋아하지 않고 '맑고 깨끗한 행'
을 실천할 수 있다면 또한 이를 '뛰어나게 아름다운 몸'이라 할 수
있습니다.[3]

---

1. 佛意. 恐 衆生이 不見法身하고 但見三十二相八十種好 紫磨金軀하고 以爲如來眞身일
   까하여 爲遣此迷故로 問須菩提하되 佛을 可以具足色身으로 見不아하니라. 三十二相은
   卽非具足色身이니 內具三十二淸淨行하여야 是名具足色身이니라.[五根×六波羅蜜
   +定, 慧=三十二. 淸淨行]
2. 淸淨行者는 卽六波羅蜜 是也니라. 於五根中에 修六波羅蜜하고 於意根中에 定慧雙修
   하여야 是名具足色身이니 徒愛如來 三十二相하고 內不行三十二淸淨行하면 卽非具
   足色身이라.
3. 不愛如來色相하고 能自持淸淨行이면 亦得名具足色身이니라.

須菩提 於意云何 如來 可以具足諸相 見不 不也 世尊 如來 不應 以具足諸

相 見 何以故 如來說 諸相具足 卽非具足 是名諸相具足

"수보리야, 그대는 어떻게 생각하느냐? 서른두 가지 뛰어난 모습을
다 갖춘 것으로 여래를 볼 수 있겠느냐?"

"아닙니다, 세존이시여. 서른두 가지 뛰어난 모습을 다 갖춘 것으
로 여래를 볼 수 없습니다. 왜냐하면 여래께서 말씀하신 서른두 가
지 뛰어난 모습을 다 갖춘다는 것은, 어떤 실물로 서른두 가지 뛰
어난 모습을 다 갖춘 것이 아니므로, 이를 일러 서른두 가지 뛰어
난 모습을 다 갖춘 것이라 하기 때문입니다."

여래란 '어떠한 형상도 없는 법신'입니다. '육신의 눈'으로 보는
것이 아니요 '지혜의 눈'이라야 볼 수 있는 것입니다.[1]

'지혜의 눈'이 아직 밝지 못하여, '나와 남이라는 모습에 집착'하
여 '서른두 가지 뛰어난 모습'을 보고 여래라 하는 것은, '서른두
가지 뛰어난 모습을 다 갖춘 것'이라 할 수 없습니다.[2]

'지혜의 눈'이 밝아 '나와 남이라는 모습에 집착'하지 않고 올바
른 지혜광명이 늘 비출 때 이를 일러 '서른두 가지 뛰어난 모습을
다 갖춘 것'이라 합니다.[3]

---

1. 如來者 卽無相法身이 是也라. 非肉眼所見이요 慧眼이라야 乃能見之니라.
2. 慧眼이 未明이어 具足我人等相 以觀三十二相爲如來者는 卽不名爲具足也니라.
3. 慧眼이 明徹하여 我人等相이 不生하고 正智光明이 常照일때 是名諸相具足이니라.

'탐욕과 성냄과 어리석음'이 아직 사라지지 않은 채 '여래의 참다운 몸'을 본다는 그런 이치는 참으로 없는 것이니, 설사 본 것이 있더라도 단지 '인연 따라 나타나는 화신化身'[1]일 뿐 '어떠한 형상도 없이 참된 법신'은 아닙니다.[2]

---

1. 모든 부처님에게는 세 가지 몸이 있다. 첫 번째는 법신法身이니 오롯한 마음이 증득된 것이요, 두 번째는 보신報身이니 온갖 좋은 일이 다 감응된 것이며, 세 번째는 화신化身이니 인연 따라 그 모습이 드러난 것이다. 육조 스님은 "세 가지 몸에서 '맑고 깨끗한 법신[淸淨法身]'은 그대의 성품이고 '조금도 부족함이 없는 오롯한 보신[圓滿報身]'은 그대의 지혜이며 '인연 따라 수없이 몸을 나토는 화신[千百億化身]'은 그대의 행行이다. 본디 성품을 떠나서 따로 세 가지 몸을 말한다면 이를 일러 '몸은 있되 지혜가 없다' 한다."라고 한다.

2. 三毒이 未泯인데 言 見如來眞身者 固無此理니 縱有見者라도 秖是化身일뿐 非眞實無相之法身也니라.

21. 설할 만한 어떤 법도 없기에

_ 非說所說分

須菩提 汝 勿謂 如來 作是念 我當 有所說法 莫作是念 何以故 若人言 如來
有所說法 則爲謗佛 不能解我所說故 須菩提 說法者 無法可說 是名說法
爾時 慧命須菩提 白佛言 世尊 頗有衆生 於未來世 聞說是法 生信心不 佛
言 須菩提 彼非衆生 非不衆生 何以故 須菩提 衆生衆生者 如來 說非衆生
是名衆生

"수보리야, 그대는 여래께서 '내가 설한 법이 있다' 이렇게 생각한다
고 짐작하여 말하지 말라. 이런 생각을 하지 말아야 하니, 왜냐하면
어떤 사람이 여래께서 말씀하신 법이 있다고 하면 이는 부처님을 비
방하는 것이며, 내가 말한 것을 이해하지 못하고 있기 때문이다. 수보
리야, 법을 설한다고 하는 것은 설할 만한 어떤 법도 없기에 이를 일러
법을 설한다고 하느니라."

그때 장로 수보리가 부처님께 사뢰어 말하였다.

"세존이시여, 오는 세상에서 중생들이 이 가르침을 듣고서 믿는 마
음을 낼 수 있겠습니까?"

"수보리야, 그들은 '중생'이 아니며 '중생이 아닌 것'도 아니다. 무엇

때문이겠느냐, 수보리야. '중생중생'이라 하는 것은, 여래께서 '중생이 아닌 것', 이를 일러 '중생'이라 말씀하셨기 때문이니라."

범부가 법을 설할 때는 마음에 법을 설한다는 생각이 있으므로 부처님께서 수보리에게 "여래는 법을 설할 때 마음에 법을 설한다는 생각이 없다."라고 말씀하셨습니다.[1]

범부는 안다는 마음으로 설하지만 여래는 말을 할 때나 침묵할 때나 언제나 여여하여 그 말이 마치 소리에 따라 울리는 메아리와도 같습니다. 흐르는 인연에 맡기고 분별하는 마음이 없어, 범부들이 생멸하는 마음으로 법을 설하는 것과 같지 않습니다.[2]

만약 "여래의 설법에 생멸하는 마음이 있다."라고 한다면 이는 곧 여래를 비방하는 것입니다.[3]

『유마경』에서 "법을 설한 사람은 법을 설한 것도 없고 법을 보여준 것도 없으며, 법을 듣는 사람은 법을 들은 것도 없고 법을 얻은 것도 없다."라고 하여, 온갖 법이 공적임을 아니 모든 개념들이 다 임시로 세워질 뿐입니다.[4]

---

1. 凡夫說法은 心有所得이니 故로 佛 告須菩提하되 如來說法은 心無所得이니라.
2. 凡夫는 作能解心說이지만 如來는 語默이 皆如이어 所發言辭가 如響應聲이라. 任運無心이어 不同 凡夫 生滅心說이니라.
3. 若言 如來說法에 心有生滅者라면 卽爲謗佛이니라.

'본디 공성空性' 가운데서 거침없이 온갖 말로 온갖 법을 설하면서, '시비 분별할 어떤 모습도 없는 무상無相' '번뇌가 사라져 달리 할 일이 없는 무위無爲'의 도리로 어리석은 사람들을 가르치고 인도하여, 자신의 본디 성품을 보게 하고 '최고의 깨달음'을 닦아 증득하게 하는 것, 이를 일러 법을 설한다고 하는 것입니다.¹

---

4. 維摩經에 云 夫說法者는 無說無示이고 聽法者는 無聞無得이라하여 了萬法空寂하니 一切名言이 皆是假立이라.

1. 於自空性中에 熾然建立一切言辭로 演說諸法하며 無相無爲로 開導迷人하여 令見本性하고 修證無上菩提를 是名說法이니라.

22. 얻을 만한 어떤 법도 없다

_ 無法可得分

須菩提 白佛言 世尊 佛得 阿耨多羅三藐三菩提 爲無所得耶 佛言 如是如
是 須菩提 我 於阿耨多羅三藐三菩提 乃至 無有少法可得 是名阿耨多羅
三藐三菩提

장로 수보리가 부처님께 사뢰어 말하였다.

"세존이시여, 부처님께서 얻은 깨달음은 얻을 만한 어떤 법도 없는
것입니까?"

부처님께서 말씀하셨다.

"맞다, 맞는 말이다, 수보리야. 나는 깨달음에서 그 어떤 조그마한
법도 얻을만한 것이 없기 때문에, 이를 일러 '더할 나위 없이 높고도
올바른 깨달음'이라고 하느니라."

수보리가 "얻었다는 마음이 다 없어지는 것이 곧 깨달음입니다."라고 하니, 부처님께서 "맞다, 맞는 말이다. 내가 깨달음에서 실로 찾는 마음이 없고 또한 얻었다는 마음이 없으니, 이를 '더할 나위 없이 높고도 올바른 깨달음'이라 할 수 있다."라고 말씀하신 것입니다.[1]

---

1. 須菩提 言하되 所得心盡이 即是菩提라하니 佛言하되 如是如是니라 我於菩提에 實無希求心이고 亦無所得心이니 以如是故로 得名爲阿耨多羅三藐三菩提也라.

23. 이 법은 평등하여 높고 낮은 것이 없으므로

_ 淨心行善分

復次 須菩提 是法平等 無有高下 是名阿耨多羅三藐三菩提 以無我 無人
無衆生 無壽者 修一切善法 則得阿耨多羅三藐三菩提

"또한 수보리야, 이 법은 평등하여 높고 낮은 것이 없으므로 이를 일
러 '더할 나위 없이 높고도 올바른 깨달음'이라고 한다. '나라는 생각
도 없고, 남이라는 생각도 없으며, 우리 중생이라는 생각도 없고, 이
들 모두의 생명이 영원하리라는 생각도 없이 온갖 좋은 법을 닦기
때문에 바로 '더할 나위 없이 높고도 올바른 깨달음'을 얻는다."

'깨달음'이라는 법은, 위로는 모든 부처님과 아래로는 미물인 벌레
에 이르기까지 모두 '모든 것을 다 아는 지혜'를 가지고 있어 부처님
과 다를 것이 없다는 것입니다. 그러므로 "이 법은 평등하여 높고
낮은 것이 없다."라고 말하는 것입니다. '깨달음'이란 온갖 법과 다
를 것이 없으므로 다만 사상四相을 떠나 온갖 좋은 법을 닦기만 하면
곧 '깨달음'을 얻습니다. 사상을 떠나지 않는다면 온갖 좋은 법을
닦더라도, '나와 남이라는 모습에 집착하는 마음'만 점점 커지게

되므로 해탈을 증득하려는 마음을 낼 수가 없습니다.[1]

사상을 떠나 온갖 좋은 법을 닦는다면 해탈을 기약할 수 있습니다. 온갖 좋은 법을 닦는다는 것은 어떤 법에도 오염되지 않아 모든 경계에서 흔들리지 않고, 세간과 출세간법에서 욕심 부리지 않으며, 온갖 곳에서 늘 방편으로 중생을 수순하여 그들이 기쁜 마음으로 믿고 따라오게 정법을 설하여 깨달음을 얻게 하는 것입니다.[2]

이와 같아야 비로소 수행이라 하니, 그러므로 '온갖 좋은 법을 닦는다고 말하는 것입니다.[3]

---

1. 菩提法者는 上至諸佛 下至昆蟲까지 盡含種智이어 與佛無異라. 故로 言 平等이어 無有高下니라. 以菩提無二故로 但離四相이어 修一切善法하면 卽得菩提니라. 若不離四相하고는 修一切善法하더라도 轉增我人일새 欲證解脫之心을 無由可得이니라.

2. 若離四相하고 而修一切善法하면 解脫을 可期니라. 修一切善法者는 於一切法에 無有染着이어 對一切境에 不動不搖하고 於世出世法에 不貪不愛하며 於一切處에 常行方便 隨順衆生하여 使之歡喜信服케 爲說正法하여 令悟菩提니라.

3. 如是라야 始名修行이니 故로 言 修一切善法이니라.

須菩提 所言善法者 如來說 卽非善法 是名善法

"수보리야, 여기에서 말하는 좋은 법이란 여래께서 곧 어떤 실물로
나타나는 좋은 법이 아니라고 말씀하시므로, 이를 일러 좋은 법이라
고 하느니라."

온갖 '좋은 법'을 닦으면서 그 과보를 바라는 것은 '좋은 법'이 아
니요, 육바라밀로 온갖 것을 적극적으로 실천하되 그 과보를 바
라는 마음이 없다면 이를 일러 '좋은 법'이라 합니다.[1]

---

1. 修一切善法하여 希望果報는 卽非善法이요 六度萬行을 熾然俱作하되 心不望報하면
   是名善法이니라.

24. 그 뜻을 일러 준 복덕에 비교한다면

_ 福智無比分

須菩提 若三千大千世界中 所有 諸須彌山王 如是等 七寶聚 有人 持用布施 若人 以此般若波羅蜜經 乃至 四句偈等 受持讀誦 爲他人說 於前福德 百分不及一 百千萬億分 乃至 算數 譬喩 所不能及

"수보리야, 삼천대천세계에 있는 거대한 수미산들을 모두 합쳐 놓은 것만큼 많은 일곱 가지 보배더미를 어떤 사람이 가져다 보시하더라도, 만일 다른 어떤 사람이 이 『금강경』이나 이 가르침 속에 있는 네 구절의 게송만이라도 받아 지녀 읽고 외워서 남에게 그 뜻을 일러 준 복덕에 비교한다면, 이 복덕에 비해 일곱 가지 보배더미를 보시하는 복덕은 백 분의 일에도 미치지 못하고, 백천만억 분의 일에도 미치지 못하며, 어떤 숫자로도 셈할 수 없고 어떤 비유로도 이 복덕에는 미치지 못할 것이니라."

대철위산의 넓이와 높이는 224만 리이고, 소철위산의 넓이와 높이는 112만 리이며, 수미산[1]의 넓이와 높이는 336만 리인데 이

---

1. 수미산을 구산팔해九山八海가 에워싸는데, 가장 바깥쪽의 쇠로 된 산이 철위산이

것을 삼천대천세계[1]라고 합니다.[2]

이치로 말하자면 곧 '탐욕과 성냄과 어리석음' 하나하나에 일천 개의 망념이 들어 있으니, 저 삼천대천세계에 있는 수미산처럼 많습니다.[3]

이 수미산을 다 합쳐놓은 것만큼의 칠보로 보시한다면 얻는 복 덕이 헤아릴 수 없이 많겠지만, 이는 끝내 유루복의 원인이 되어 해탈할 수 없습니다.[4]

『마하반야바라밀다경』에 있는 네 구절의 게송은 짧더라도 이것 에 의지하여 수행하면 곧 성불할 수 있습니다. 경을 지닌 복덕은 중생들로 하여금 깨달음을 증득케 함을 알 수 있으니, 그 어떤 복 덕과도 비교할 수 없습니다.[5]

요, 이 산을 다시 소철위산, 대철위산으로 나눈다.

1. 수미산이 중심이 되어 그 주위를 사대주四大洲와 구산팔해九山八海가 둘러싸고 있는 것이 하나의 소세계小世界이고 이것이 천 개 모이면 소천세계小千世界이다. 이 소천세계가 천 개 모이면 중천세계中千世界가 되고 이 중천세계가 천 개 모이면 대천세계大千世界가 된다. 이 대천세계는 소·중·대의 세 가지 천 개 세계가 모여 되었으므로 삼천대천세계라고 한다. 모든 중생계를 다 합쳐서 말한 것이라고 보면 된다.

2. 大鐵圍山高廣이 二百二十四萬里고 小鐵圍山高廣이 一百一十二萬里며 須彌山高 廣이 三百三十六萬里인데 以此 名爲三千大千世界니라.

3. 約理而言하면 卽貪瞋癡 妄念 各具一千也이니 如爾許山이라.

4. 盡如須彌로 以況七寶數니 持用布施하면 所得福德이 無量無邊이지만 終是有漏之因 이어 而無解脫之理니라.

25. 여래께서는 제도할 어떤 중생도 없다

_ 化無所化分

須菩提 於意云何 汝等 勿謂 如來 作是念 我當度衆生 須菩提 莫作是
念 何以故 實無有衆生 如來度者 若有衆生 如來度者 如來 則有我人衆
生壽者

"수보리야, 그대는 어떻게 생각하느냐? 그대들은 여래께서 '내가 중
생을 제도하리라' 이렇게 생각한다고 짐작하여 말하지 말라.

수보리야, 이런 생각을 내지 말아야 하니 무엇 때문이겠느냐? 여래께
서는 실로 한 중생도 제도할 중생이 없기 때문이다.

만약 여래께서 제도할 어떤 중생이 있다면 여래에게는 곧 '나라는
생각, 남이라는 생각, 우리 중생이라는 생각, 또는 이들 모두의 생명
이 영원할 것이라는 생각'이 있는 것이다."

수보리가 "여래께서는 중생을 제도하였다는 마음이 있다."라고
생각하기에, 부처님께서 수보리의 이런 의심을 없애주니, 그러

---

5. 摩訶般若波羅蜜多四句는 經文 雖少라도 依之修行하면 卽得成佛이니라. 是知持經之
福은 能令衆生 證得菩提케하니 故로 不可比也니라.

므로 "이런 생각을 내지 말아야 한다."라고 말씀하시는 것입니다. 모든 중생은 본디 부처님이니, 만약 "여래께서 중생을 제도하여 성불시킨다."라고 말한다면 이는 곧 허망한 말입니다. 허망한 말이므로 '나라는 생각, 남이라는 생각, 우리 중생이라는 생각, 또는 이들 모두의 생명이 영원할 것이라는 생각'이 있는 것입니다. 이 단락은 '나라는 마음'을 없애기 위한 것입니다. 비록 일체중생에게 불성이 있더라도 모든 부처님의 설법을 듣지 않고는 스스로 깨달을 길이 없으니 무엇에 의지해 수행하여야 불도를 이룬단 말입니까.[1]

須菩提 如來說 有我者 卽非有我 而凡夫之人 以爲有我 須菩提 凡夫者 如來說 卽非凡夫 是名凡夫

"수보리야, 여래께서 '나'가 있다고 말씀하신 것은 곧 '어떤 고정된 실체로서 나가 있다는 것이 아닌데도, 범부들은 '나'가 있다고 여기기 때문이니, 수보리야, 범부라는 것도 여래께서 어떤 실체가 있는 범부가 아니라고 말씀하시므로 이를 일러 범부라고 하느니라."

"여래께서 '나'가 있다고 말씀하신 것"은 자신의 성품이 맑고 깨

---

1. 須菩提 意謂 如來 有度衆生心이라할새 佛께서 爲遣須菩提 如是疑心하니 故로 言 莫作是念하라. 一切衆生은 本自是佛이니 若言 如來께서 度得衆生成佛이라하면 卽爲妄語라. 以妄語故로 卽是我人衆生壽者니라. 此는 爲遣我所心也니라. 夫一切衆生 雖有佛性이더라도 若不因諸佛說法이면 無由自悟니 憑何修行하여야 得成佛道리오.

끗한 상락아정常樂我淨의 '나'이니, 범부들의 '탐욕과 성냄과 어리석음'인 무명으로 이루어진 허망한 '나'와는 다릅니다. 그러므로 "곧 '이는 어떤 고정된 실체로서 나가 있다는 것이 아닌데도 범부들은 '나가 있다고 여기기 때문이다."라고 말하는 것입니다.[1]

'나'와 '남'이라는 모습에 집착하는 것이 있으면 범부요, '나'와 '남'이라는 분별이 생겨나지 않으면 범부가 아닙니다. 마음에 생멸이 있으면 범부요 마음에 생멸이 없으면 범부가 아닙니다.[2]

'반야바라밀다'를 깨닫지 못하면 범부요 '반야바라밀다'를 깨달으면 범부가 아닙니다. 마음에 주관과 객관의 경계가 있으면 범부요 주관과 객관의 경계가 생겨나지 않으면 범부가 아닙니다.[3]

---

1. 如來 說 有我者는 是自性淸淨常樂我淨之我니 不同凡夫 貪瞋無明虛妄不實之我라. 故로 言 凡夫之人 以爲有我니라.

2. 有我人이면 卽是凡夫요 我人不生이면 卽非凡夫니라. 心有生滅이면 卽是凡夫요 心無生滅이면 卽非凡夫니라.

3. 不悟般若波羅蜜多이면 卽是凡夫요 悟得般若波羅蜜多이면 卽非凡夫니라. 心有能所이면 卽是凡夫요 能所不生이면 卽非凡夫也니라.

26. 모습으로 부처님을 보려 하거나

_ 法身非相分

須菩提 於意云何 可以三十二相觀如來不 須菩提言 如是如是 以三十二
相觀如來 佛言 須菩提 若以三十二相觀如來者 轉輪聖王 則是如來 須菩
提 白佛言 世尊 如我解 佛所說義 不應 以三十二相 觀如來

"수보리야, 그대는 어떻게 생각하느냐? '서른두 가지 뛰어난 모습'으
로 여래를 볼 수 있겠느냐?"

"그렇습니다, 세존이시여. '서른두 가지 뛰어난 모습'으로 여래를 볼
수 있습니다."

"수보리야, '서른두 가지 뛰어난 모습'으로 여래를 볼 수 있다면 전륜
성왕도 곧 여래이겠구나."

"세존이시여, 제가 부처님께서 말씀하신 뜻을 이해하기로는 '서른
두 가지 뛰어난 모습'만으로 여래를 볼 수 없습니다."

크게 자비로우신 세존께서 수보리가 모습에 집착하는 병을 아직
제거하지 못함을 걱정하니, 그러므로 일부러 "수보리야, 그대는
어떻게 생각하느냐? '서른두 가지 뛰어난 모습'으로 여래를 볼 수

있겠느냐?"라고 질문하셨습니다.[1]

수보리는 부처님의 속뜻을 알지 못하고 "그렇습니다, 세존이시여."라고 답변을 하니, 벌써 어리석은 마음이 드러남이요, 거기다다시 "서른두 가지 뛰어난 모습으로 여래를 볼 수 있습니다."라고말을 보태니, 또 한번 어리석은 마음을 드러내고 있습니다.[2]

진리에서 점차 멀어지고 있으므로 여래께서 수보리의 어리석은마음을 제거하려고 "수보리야, '서른두 가지 뛰어난 모습'으로여래를 볼 수 있다면 전륜성왕도 곧 여래이겠구나."라고 물으시니, 전륜성왕이 '서른두 가지 뛰어난 모습'을 가지고 있더라도 어찌 여래와 같을 수 있겠습니까. 세존께서 이 말을 인용한 것은, 모습에 집착하는 수보리의 병을 없애 그 깊은 이치를 확실히 깨닫도록 해주려는 것입니다.[3]

수보리가 질문을 받고 어리석은 마음이 문득 풀어지니, 그러므로 "세존이시여, 제가 부처님께서 말씀하신 뜻을 이해하기로는'서른두 가지 뛰어난 모습'만으로 여래를 볼 수 없습니다."라고

---

1. 世尊께서 大慈로 恐 須菩提가 執相之病을 未除하니 故로 作此問하니라.
2. 須菩提는 未知佛意하고 乃言 如是如是라하니 早是迷心이요 更言 以三十二相으로 觀如來라하니 又是一重迷心이로다.
3. 離眞轉遠故로 如來께서 爲說 除彼迷心하려 若以三十二相觀如來者 轉輪聖王 卽是如來라하니 輪王이 雖有三十二相이더라도 豈得同如來也리오. 世尊께서 引此言者는 以遣須菩提의 執相之病하여 令其所悟深徹이니라.

말을 한 것입니다.[1]

수보리는 대아라한이어서 깊이 깨치신 분임에도 방편으로 어리
석은 길을 보여 주어 세존께서 그 미세한 의혹을 없애니, 뒷날 중
생들이 잘못된 견해를 갖지 않기를 바라는 것입니다.[2]

爾時 世尊 而說偈言 若以色見我 以音聲求我 是人行邪道 不能見如來
그때 세존께서 게송으로 말씀하셨다.

　　모습으로 부처님을 보려 하거나
　　소리로써 부처님을 찾으려 하면
　　이 사람은 잘못된 길 가는 것이니
　　부처님을 볼 수 있는 인연 없으리.

'약이若以' 두 글자는 어떤 조건을 전제하는 것을 나타내는 말입
니다. '색色'은 모습이요 '견見'은 알음알이입니다. '나'란 모든 중
생의 몸 가운데 있는 '자성청정自性淸淨 무위무상無爲無相'의 참
으로 영원한 바탕 부처님이니 큰 소리로 염불하여 성취할 수 있

---

1. 須菩提 被問하여 迷心이 頓釋하니 故로 言 如我解佛所說義 不應以三十二相觀如來라
　하니라.
2. 須菩提는 是大阿羅漢이어 所悟甚深인데도 方便으로 示其迷路하여 以冀世尊 除遣細惑
　하여 令後世衆生 所見不謬也케하니라.

는 것이 아니요, 모름지기 올바른 견해로 이 자리가 분명해져야
비로소 알고 깨칠 수 있는 것입니다.[1]

만약 모습과 소리로써 부처님을 찾으려 하면 볼 수가 없습니다.
그러므로 알아야 합니다. 모습으로 부처님을 보려 하거나 소리
에서 부처님의 법을 찾으려 하면, 마음에 생멸이 있기에 '여래'를
볼 수 없는 것입니다.[2]

---

1. 若以兩字는 是發語之端이라. 色者는 相也요 見者는 識也니라. 我者 是一切衆生身中
  自性淸淨無爲無相眞常之體니 不可高聲念佛하여 而得成就요. 會須正見分明하여야
  方得解悟니라.
2. 若以色聲二相으로 求之하면 不可見也니라. 是知 以相觀佛 聲中求法하면 心有生滅일
  새 不悟如來矣니라.

27. 온갖 법이 끊어지고 사라진다는 모습이 없어

_ 無斷無滅分

須菩提 汝 若作是念 如來 不以具足相故 得阿耨多羅三藐三菩提 須菩提
莫作是念 如來 不以具足相故 得阿耨多羅三藐三菩提 須菩提 汝若作是
念 發阿耨多羅三藐三菩提心者 說 諸法斷滅 莫作是念 何以故 發阿耨多
羅三藐三菩提心者 於法 不說 斷滅相

"수보리야, 그대가 만약 '여래께서 뛰어나게 아름다운 모습을 다 갖
추지 않았기 때문에 더할 나위 없이 높고도 올바른 깨달음을 얻었다
고 짐작하여 생각하고 있다면, 수보리야, 그대는 '여래께서 뛰어나게
아름다운 모습을 다 갖추지 않았기 때문에 더할 나위 없이 높고도
올바른 깨달음을 얻었다' 짐작하여 그렇게 생각하지 말라.

수보리야, 그대가 '더할 나위 없이 높고도 올바른 깨달음을 얻고자
마음을 낸 사람은 온갖 법이 없어져 끊어진다고 말한다' 그리 짐작하
여 생각하고 있다면, 수보리야, 그대는 짐작하여 그렇게 생각하지
말라. 왜냐하면 '더할 나위 없이 높고도 올바른 깨달음'을 얻고자 마
음을 낸 사람은 어떤 법에서도 온갖 법이 끊어지고 사라진다는 모습
을 말하지 않기 때문이다."

수보리가 '여래의 참다운 몸은 모습을 떠나 있는 것'이라는 말을 듣고, 문득 "서른두 가지 맑고 깨끗한 행을 닦지 않고도 깨달음을 얻는다."라고 말하기에, 부처님께서 수보리에게 "여래가 서른두 가지 맑고 깨끗한 행을 닦지 않고 깨달음을 얻는다 말하지 말라. 그대가 만약 여래께서 서른두 가지 맑고 깨끗한 행을 닦지 않고 깨달음을 얻는다고 말한다면 곧 부처님의 씨앗을 없애는 것이니 옳지 않느니라."라고 하시는 것입니다.[1]

---

1. 須菩提가 聞說眞身離相하고 便謂 不修三十二淸淨行해도 得佛菩提라할새 佛께서 語須菩提하기를 莫言 如來 不修三十二淸淨行하고 而得菩提라 汝 若言 不修三十二淸淨行하고 得阿耨菩提者라면 卽是斷滅佛種이니 無有是處니라.

28. 탐을 내지도 않고 집착하지도 않으니

_ 不受不貪分

須菩提 若菩薩 以滿恒河沙等 世界七寶 持用布施 若復有人 知一切法 無我 得成於忍 此菩薩 勝前菩薩 所得功德

"수보리야, 만약 보살이 갠지스 강 모래알 수만큼 많은 세계를 일곱 가지 보배로 가득 채워 남에게 베풀더라도, 어떤 사람이 '모든 법에 나의 것이라고 할 어떤 고정된 실체가 없음'을 알아 참다운 지혜를 성취하면 이 보살의 복덕은 일곱 가지 보배를 베풀어 얻는 복덕보다도 훨씬 뛰어날 것이다."

모든 법을 통달하여 나와 경계를 분별하는 마음이 없는 것, 이를 일러 '인忍'이라고 합니다. 이 사람이 얻는 복덕은 앞에서 칠보를 보시한 복덕보다 더 수승한 것입니다.[1]

---

1. 通達一切法하여 無能所心者는 是名爲忍이니 此人 所得福德은 勝前七寶之福也니라.

何以故 須菩提 以諸菩薩 不受福德故 須菩提 白佛言 世尊 云何菩薩 不受

福德 須菩提 菩薩 所作福德 不應貪着 是故 說不受福德

"왜냐하면 수보리야, 이런 보살은 모두 복덕을 받지 않기 때문이

니라."

"세존이시여, 어찌하여 보살이 복덕을 받지 않는다고 말씀하십

니까?"

"수보리야, 보살은 복덕을 지을 뿐 그 복덕에 탐을 내지도 않고 집착

하지도 않으니, 이런 까닭에 복덕을 받지 않는다고 말하느니라."

보살이 지은 복덕은 자기 자신을 위한 것이 아니요, 모든 중생에

게 이익을 주는 데 그 뜻이 있으므로 '복덕을 받지 않는다'고 하는

것입니다.[1]

---

1. 菩薩 所作福德은 不爲自己요 意在利益一切衆生이니 故로 言 不受福德也니라.

29. 여래란 오는 바도 없고 가는 바도 없어

_ 威儀寂靜分

須菩提 若有人言 如來 若來 若去 若坐 若臥 是人不解 我所說義 何以故
如來者 無所從來 亦無所去 故名如來

"수보리야, 어떤 사람이 '여래께서 오기도 하고 가기도 하며 앉기도
하고 눕기도 한다'고 말한다면, 그 사람은 내가 말한 뜻을 알지 못한
것이다. 왜냐하면 여래란 오는 바도 없고 가는 바도 없기 때문이니,
이를 일러 여래라고 하느니라."

'여래'란 오는 것도 아니요 오지 않는 것도 아니며, 가는 것도 아
니요 가지 않는 것도 아니며, 앉는 것도 아니요 앉지 않는 것도 아
니며, 눕는 것도 아니요 눕지 않는 것도 아니니, 오가며 앉고 눕는
모든 삶 속에서 늘 '고요하고 행복한 마음자리'에 있는 것이 곧
'여래'입니다.[1]

---

1. 如來者 非來非不來며 非去非不去며 非坐非不坐며 非臥非不臥니 行住坐臥四威儀
   中 常在空寂이 卽是如來也니라.

30. 하나로 합쳐진 모습을 이치로 보면

_ 一合理相分

須菩提 若善男子 善女人 以三千大千世界 碎爲微塵 於意云何 是微塵衆
寧爲多不 須菩提言 甚多 世尊 何以故 若是微塵衆 實有者 佛則不說 是微
塵衆 所以者何 佛說 微塵衆 卽非微塵衆 是名微塵衆

"수보리야, 선남자 선여인이 삼천대천세계를 부수어 미세한 티끌로
만든다면 그대는 어떻게 생각하느냐? 이 티끌을 모아 놓은 것이 많지
않겠느냐?"

장로 수보리가 말하였다.

"참으로 많습니다, 세존이시여. 왜냐하면 이 티끌을 모아 놓은 것이
실로 있는 것이라면 부처님께서는 이 티끌을 모아 놓은 것이라고 말
씀하지 않으셨을 것이기 때문입니다.

왜 그런가 하면 티끌을 모아 놓은 것이라고 부처님께서 말씀하신 것
은, 어떤 실물로 있는 티끌을 모아 놓은 것이 아니므로 이를 일러 티끌
을 모아 놓은 것이라 하는 것입니다."

부처님께서 삼천대천세계를 설한 것은 중생 한 사람 한 사람의 성품에 있는 망념 티끌의 수가 삼천대천세계에 있는 모든 티끌처럼 많은 것을 비유하기 위해서입니다.[1]

"모든 중생의 성품에 있는 망념 티끌이 곧 어떤 실물로 있는 티끌이 아니다."라고 한 것은, 경을 듣고 도를 알아 늘 지혜롭게 깨달음으로 나아가며 생각 생각마다 경계에 집착하지 않아 언제나 맑고 깨끗한 자리에 있는 것입니다. 이와 같은 맑고 깨끗한 티끌을 일러 '티끌들을 모아 놓은 것'이라 하는 것입니다.[2]

世尊 如來所說 三千大千世界 卽非世界 是名世界 何以故 若世界 實有者 則是一合相 如來說 一合相 卽非一合相 是名一合相 須菩提 一合相者 則 是不可說 但凡夫之人 貪着其事

"세존이시여, 여래께서 말씀하신 삼천대천세계는 곧 실물로 있는 세계가 아니므로 이를 일러 세계라 하는 것입니다."

"왜냐하면 세계가 실물로 있는 것이라면 곧 '하나로 합쳐진 모습'에 집착하는 것이 있겠지만, 여래께서 말씀하신 '하나로 합쳐진 모습'은 곧 어떤 실물로써 '하나로 합쳐진 모습'이 아니므로 이를 일러 '하나

---

1. 佛說 三千大千世界는 以喩一一 衆生性上에 妄念微塵之數 如三千大千世界中 所有 微塵이라.
2. 一切衆生性上에 妄念微塵이 卽非微塵은 聞經悟道에 覺慧常照이어 趣向菩提하며 念 念不住이어 常在淸淨이니라. 如是淸淨微塵을 是名微塵衆也니라.

로 합쳐진 모습'이라 하는 것입니다.”

부처님께서 말씀하셨다.

“수보리야, '하나로 합쳐진 모습'이란 말할 수 있는 것이 아닌데도 다만 범부들이 그 현상을 탐내고 집착할 뿐이니라.”

삼천이란 숫자를 이치로 말하자면, 탐욕과 성냄과 어리석음 하나하나에 일천 개의 망념을 갖추고 있다는 것입니다.[1]

이 마음이 선악의 근본이니 범부도 되고 성인도 되어 그 고요함과 흔들림을 측량할 수 없을 만큼 넓고 커서 끝이 없기에 대천세계라 하는 것입니다.[2]

마음을 밝아지게 하는 것은 지혜와 자비보다 더 나은 것이 없으니, 이 두 가지 법으로 깨달음을 얻기 때문입니다.[3]

“하나로 합쳐진 모습이란 마음에 얻은 바가 있으므로 곧 하나로 합쳐진 모습이 아니요, 마음에 얻은 바가 없기에 이를 일러 하나로 합쳐진 모습이라 한다.”라고 설하고 있으니, 이는 '하나로 합쳐진 모습'이란 임시 이름을 부정하지 않으면서 실상實相을 말하

---

1. 三千者 約理而言하면 即貪瞋癡妄念에 各具一千數也니라.
2. 心爲善惡之本이니 能作凡作聖하여 動靜 不可測度이어 廣大無邊故로 名大千世界
   니라.
3. 心中明了에 莫過悲智二法이니 由此二法으로 而得菩提일새니라.

고 있는 것입니다.[1]

지혜와 자비로 부처님의 깨달음을 성취하면 이 자리를 설하려고
해도 다 설할 수가 없으니 그 오묘함은 말로써 할 수 있는 게 아닙
니다. 범부들이 번거로운 문자에만 탐착하여 지혜와 자비를 실
천하지 않고 최고의 깨달음만 구하고 있으니, 무슨 방법으로 깨
달음을 얻을 수 있겠습니까.[2]

---

1. 說 一合相者 心有所得故로 即非一合相이요 心無所得일새 是名一合相이라하니 一合
   相者 不壞假名하며 而談實相하니라.
2. 由悲智二法으로 成就佛果菩提하면 說不可盡이어 妙不可言이라. 凡夫之人이 貪着文
   字事業하여 不行悲智二法하고 而求無上菩提하니 何由可得이리오.

31. 어떤 모습에도 집착하는 마음을 내지 않아야

_ 知見不生分

須菩提 若人言 佛說 我見 人見 衆生見 壽者見 須菩提 於意云何 是人 解我
所說義不 不也 世尊 是人 不解 如來所說義 何以故 世尊說 我見 人見 衆生
見 壽者見 卽非我見 人見 衆生見 壽者見 是名我見 人見 衆生見 壽者見

"수보리야, 만약 어떤 사람이 '부처님께서 나라는 생각, 남이라는 생
각, 우리 중생이라는 생각, 또는 이들 모두의 생명이 영원할 것이라는
생각을 말씀하셨다' 하면, 수보리야, 그대는 어떻게 생각하느냐? 이
사람은 내가 말한 뜻을 알고 있겠느냐?"

"그렇지 않습니다, 세존이시여. 이 사람은 여래께서 말씀하신 뜻을
알고 있지 못합니다.

왜냐하면 세존께서 말씀하신 '나라는 생각, 남이라는 생각, 우리 중
생이라는 생각, 이들 모두의 생명이 영원할 것이라는 생각'은, 곧 '나
라는 생각, 남이라는 생각, 우리 중생이라는 생각, 이들 모두의 생명
이 영원할 것이라는 생각'이 아니므로,

이를 일러 '나라는 생각, 남이라는 생각, 우리 중생이라는 생각, 이들
모두의 생명이 영원할 것이라는 생각'이라 하는 것입니다."

여래께서 이 경을 설하신 것은 모든 중생 스스로가 반야지혜를 깨달아 깨달음을 닦아 증득하도록 하기 위한 것임에도, 범부들이 부처님의 뜻을 알지 못하고 여래께서 '아견我見·인견人見·중생견中生見·수자견壽者見'을 설하셨다고 하니, 이는 여래께서 말씀하신 깊고 깊은 '시비 분별할 어떤 모습도 없는 무상無相' '번뇌가 사라져 달리 할 일이 없는 무위無爲'의 반야바라밀법을 알지 못한 것입니다.[1]

여래께서 설하신 '아견我見·인견人見·중생견衆生見·수자견壽者見'은 범부들이 말하는 내용과 같지 않습니다. 여래께서 모든 중생에게 다 불성이 있음을 설한 것이 참 '아견我見'이요, 모든 중생에게 번뇌 없는 지혜인 무루지無漏智의 성품이 본디 다 갖추어져 있음을 설한 것이 '인견人見'이며, 모든 중생에게 본디 번뇌가 없음을 설한 것이 '중생견衆生見'이요, 모든 중생의 성품이 본래 불생불멸임을 설한 것이 '수자견壽者見'입니다.[2]

---

1. 如來 說此經은 令一切衆生 自悟般若智하여 自修證菩提果케인데도 凡夫之人이 不解佛意하고 便爲如來 說我人等見이라하니 不知 如來 說 甚深無相無爲般若波羅蜜法이로다.

2. 如來所說 我人等見은 不同 凡夫 我人等見이라. 如來 說 一切衆生 皆有佛性이 是眞我見이요 說 一切衆生 無漏智性 本自具足이 是人見이며 說 一切衆生 本無煩惱가 是衆生見이요 說 一切衆生性 本自不生不滅이 是壽者見也니라.

須菩提 發阿耨多羅三藐三菩提心者 於一切法 應如是知 如是見 如是信
解 不生法相 須菩提 所言法相者 如來說 即非法相 是名法相

"수보리야, '더할 나위 없이 높고도 올바른 깨달음'을 얻고자 마음을
낸 사람은, 모든 법에 대해 이와 같이 알아야 하고 이와 같이 보아야
하며 이와 같이 믿고 이해하여 '법의 어떤 모습'에도 집착하는 마음을
내지 않아야 한다.
수보리야, 여기서 말하는 '법의 어떤 모습'이란 여래께서 '법의 어떤
모습에도 실체가 있는 것이 아니다'라고 말씀하시니 이를 일러 '법의
어떤 모습'이라고 하느니라."

도 닦을 마음을 낸 사람들은 모든 중생에게 다 불성이 있음을 보
아야 하고, 모든 중생에게 본디 '번뇌 없이 온갖 것을 아는 지혜인
무루종지無漏種智'가 저절로 다 갖추어져 있음을 알아야 하며,
모든 중생의 자성에 본디 생멸이 없음을 믿어야 합니다.[1]

온갖 지혜 방편으로 중생들을 맞이하여 이롭게 하더라도 '나와
남을 분별하는 마음'을 내지 않습니다.[2]

입으로 '시비 분별할 어떤 모습도 없는 무상無相의 법'을 설해도
마음으로 '나와 남을 분별'하면 '법의 모습[法相]'이 아니요, 입으

---

1. 發菩提心者는 應見 一切衆生 皆有佛性하고 應知 一切衆生 無漏種智 本自具足하며
   應信 一切衆生 自性 本無生滅이니라.

2. 雖行一切智慧方便으로 接物利生하더라도 不作能所之心이라.

로 '시비 분별할 어떤 모습도 없는 무상無相의 법'을 설하고 마음
으로 '시비 분별할 어떤 모습도 없는 무상無相의 삶'을 실천하여
'나와 남을 분별하는 마음'이 없으면 이를 일러 '법의 모습[法相]'
이라 하는 것입니다.[1]

---

1. 口說無相法해도 而心有能所하면 卽非法相이요 口說無相法하고 心行無相行하여 而心
   無能所이면 是名法相也니라.

32. 집착하는 모든 현실 꿈과 같으며

_ 應化非眞分

須菩提 若有人 以滿無量阿僧祇 世界七寶 持用布施 若有善男子 善女人
發菩薩心者 持於此經 乃至 四句偈等 受持讀誦 爲人演說 其福勝彼 云何
爲人演說

"수보리야, 어떤 사람이 헤아릴 수 없이 많은 세계에 일곱 가지 보배
를 가득 채워 남에게 베풀더라도, 선남자 선여인이 보살의 마음을
내어 이 경이나 이 가르침 속에 있는 네 구절의 게송만이라도 받아
지녀 읽고 외우면서 다른 사람을 위하여 그 뜻을 일러 준다면, 이 복덕
이 일곱 가지 보배로 베푼 복덕보다도 훨씬 더 뛰어날 것이니라. 어떻
게 다른 사람을 위하여 그 뜻을 일러 줄 것인가."

칠보를 보시한 복덕이 많더라도, 어떤 사람이 '깨닫고자 하는 마
음'을 내어 『금강경』에 있는 네 구절의 게송을 받아 지녀 다른 사
람들을 위하여 풀이해 주는 복덕만 같지 못하니, 이 복덕이 칠보
를 보시한 복덕보다 백천만배 더 수승한지라 비유할 수 있는 것
이 아닙니다.[1]

법을 잘 알아듣게 하는 방편으로 중생의 근기를 보고 그 근기에 맞추어 온갖 법을 적절히 설하는 것, 이를 일러 '다른 사람을 위하여 법을 풀이해 주는 복덕'이라 합니다.[1]

不取於相 如如不動 何以故 一切有爲法 如夢幻泡影 如露亦如電 應作如是觀 佛說是經已 長老須菩提 及諸比丘 比丘尼 優婆塞 優婆夷 一切世間 天人 阿修羅 聞佛所說 皆大歡喜 信受奉行

"어떤 모습도 취하지 않아야 본디 마음이 여여하여 흔들리지 않나니 무엇 때문이겠느냐? 게송으로 말하겠다."

집착하는 모든 현실 꿈과 같으며
그림자나 허깨비와 물거품 같고
아침이슬, 번개처럼 사라지는 것
이와 같은 그 실상을 보아야 한다.

부처님께서 이 경전을 설해 마치시니, 장로 수보리와 모든 비구 비구니 우바새 우바이들, 온갖 세간에 있는 하늘의 신들과 인간 아수라 등이 부처님의 가르침을 듣고 모두 크게 기뻐하며 이를 믿고 받들어 실천하였습니다.

---

1. 七寶之福이 雖多라도 不如有人이 發菩薩心하여 受持此經四句偈等하여 爲人演說이니 其福이 勝彼百千萬倍라 不可譬喩니라.
1. 說法善巧方便으로 觀根應量하여 種種隨宜를 是名爲人演說이라.

법을 듣는 사람들이 온갖 모습으로 다르지만 분별하는 마음을 내지 않고 다만 '텅 빈 마음으로 한결같이 언제나 고요한 마음'을 알아, '얻었다는 마음[所得心]'이 없고, '이기고 졌다는 마음[勝負心]'이 없으며, '바라는 마음[希望心]'이 없고, '생멸하는 마음[生滅心]'이 없으니, 이를 일러 "여여하여 흔들리지 않는다."라고 하는 것입니다.[1]

꿈은 헛된 몸이요 허깨비는 헛된 생각이며, 물거품은 번뇌이고 그림자는 업장입니다. 꿈, 허깨비, 물거품, 그림자와 같은 업을 유위법이라 하니, 진실은 이름과 모습을 떠난 것이요 깨달음은 어떤 업도 없는 것입니다.[2]

---

1. 所聽法人이 有種種相貌不等이나 不得作分別心하고 但了空寂一如之心이어 無所得心이고 無勝負心이며 無希望心이고 無生滅心이니 是名如如不動이니라.
2. 夢者는 是妄身이요 幻者는 是妄念이며 泡者는 是煩惱이고 影者는 是業障이라. 夢幻泡影業을 是名有爲法이니 眞實은 離名相이요 悟者는 無諸業이니라.

금강경
원문

1. 法會因由分 법회인유분

如是我聞 一時 佛 在舍衛國 祇樹給孤獨園 與大比丘衆
여시아문 일시 불 재사위국 기수급고독원 여대비구중

千二百五十人俱 爾時 世尊 食時 着衣持鉢 入舍衛大城
천이백오십인구 이시 세존 식시 착의지발 입사위대성

乞食於其城中 次第乞已 還至本處 飯食訖 收衣鉢 洗足
걸식어기성중 차제걸이 환지본처 반사흘 수의발 세족

已 敷座而坐
이 부좌이좌

2. 善現起請分 선현기청분

時 長老 須菩提 在大衆中 卽從座起 偏袒右肩 右膝着地
시 장로 수보리 재대중중 즉종좌기 편단우견 우슬착지

合掌恭敬 而白佛言 希有 世尊 如來 善護念 諸菩薩 善付
합장공경 이백불언 희유 세존 여래 선호념 제보살 선부

囑 諸菩薩 世尊 善男子 善女人 發阿耨多羅三藐三菩提
촉 제보살 세존 선남자 선여인 발아뇩다라삼먁삼보리

心 應云何住 云何降伏其心 佛言 善哉善哉 須菩提 如汝
심 응운하주 운하항복기심 불언 선재선재 수보리 여여

所說 如來 善護念 諸菩薩 善付囑 諸菩薩 汝今諦聽 當爲
소설 여래 선호념 제보살 선부촉 제보살 여금체청 당위

汝說 善男子 善女人 發阿耨多羅三藐三菩提心 應如是住
여설 선남자 선여인 발아뇩다라삼먁삼보리심 응여시주

如是降伏其心 唯然 世尊 願樂欲聞
여시항복기심 유연 세존 원요욕문

3. 大乘正宗分 대승정종분

佛告 須菩提 諸菩薩摩訶薩 應如是降伏其心 所有一切 衆
불고 수보리 제보살마하살 응여시항복기심 소유일체 중

生之類若卵生 若胎生 若濕生 若化生 若有色 若無色 若有
생지류 약난생 약태생 약습생 약화생 약유색 약무색 약유

想 若無想 若非有想非無想 我皆令入無餘涅槃 而滅度之
상 약무상 약비유상비무상 아개영입무여열반 이멸도지

如是滅度 無量無數 無邊衆生 實無衆生 得滅度者 何以故
여시멸도 무량무수 무변중생 실무중생 득멸도자 하이고

須菩提 若菩薩 有我相 人相 衆生相 壽者相 則非菩薩
수보리 약보살 유아상 인상 중생상 수자상 즉비보살

4. 妙行無住分 묘행무주분

復次 須菩提 菩薩 於法 應無所住 行於布施 所謂 不住色
부차 수보리 보살 어법 응무소주 행어보시 소위 부주색

布施 不住聲香味觸法布施 須菩提 菩薩 應如是布施 不
보시 부주성향미촉법보시 수보리 보살 응여시보시 부

住於相 何以故 若菩薩 不住相布施 其福德 不可思量 須
주어상 하이고 약보살 부주상보시 기복덕 불가사량 수

菩提 於意云何 東方虛空 可思量不 不也 世尊 須菩提 南
보리 어의운하 동방허공 가사량부 불야 세존 수보리 남

西北方 四維上下虛空 可思量不 不也 世尊 須菩提 菩薩
서북방 사유상하허공 가사량부 불야 세존 수보리 보살

無住相 布施福德 亦復如是 不可思量 須菩提 菩薩 但應
무주상 보시복덕 역부여시 불가사량 수보리 보살 단응

如所教住
여소교주

5. 如理實見分 여리실견분

須菩提 於意云何 可以身相 見如來不 不也 世尊 不可以
수보리 어의운하 가이신상 견여래부 불야 세존 불가이

身相 得見如來 何以故 如來所說身相 卽非身相 佛告 須
신상 득견여래 하이고 여래소설신상 즉비신상 불고 수

菩提 凡所有相 皆是虛妄 若見諸相非相 則見如來
보리 범소유상 개시허망 약견제상비상 즉견여래

6. 正信希有分 정신희유분

須菩提 白佛言 世尊 頗有衆生 得聞如是 言說章句 生實
수보리 백불언 세존 파유중생 득문여시 언설장구 생실

信不 佛告 須菩提 莫作是說 如來滅後 後五百歲 有持戒
신부 불고 수보리 막작시설 여래멸후 후오백세 유지계

修福者 於此章句 能生信心 以此爲實 當知 是人 不於一
수복자 어차장구 능생신심 이차위실 당지 시인 불어일

佛二佛 三四五佛 而種善根 已於無量 千萬佛所 種諸善
불이불 삼사오불 이종선근 이어무량 천만불소 종제선

根 聞是章句 乃至一念 生淨信者 須菩提 如來 悉知悉見
근 문시장구 내지일념 생정신자 수보리 여래 실지실견

是諸衆生 得如是無量福德 何以故 是諸衆生 無復我相
시제중생 득여시무량복덕 하이고 시제중생 무부아상

人相 衆生相 壽者相 無法相 亦無非法相 何以故 是諸衆
인상 중생상 수자상 무법상 역무비법상 하이고 시제중

生 若心取相 則爲着我人衆生壽者 何以故 若取法相 則
생 약심취상 즉위착아인중생수자 하이고 약취법상 즉

着我人衆生壽者 若取非法相 卽着我人衆生壽者 是故 不
착아인중생수자 약취비법상 즉착아인중생수자 시고 불

應取法 不應取非法 以是義故 如來 常說 汝等 比丘 知我
응취법 불응취비법 이시의고 여래 상설 여등 비구 지아

說法 如筏喩者 法尙應捨 何況非法
설법 여벌유자 법상응사 하황비법

7. 無得無說分 무득무설분

須菩提 於意云何 如來 得阿耨多羅三藐三菩提耶 如來
수보리 어의운하 여래 득아뇩다라삼먁삼보리야 여래

有所說法耶 須菩提言 如我解佛所說義 無有定法 名阿耨
유소설법야 수보리언 여아해불소설의 무유정법 명아뇩

多羅三藐三菩提 亦無有定法 如來可說 何以故 如來所說
다라삼먁삼보리 역무유정법 여래가설 하이고 여래소설

法 皆 不可取不可說 非法非非法 所以者何 一切賢聖 皆
법 개 불가취불가설 비법비비법 소이자하 일체현성 개

以無爲法 而有差別
이무위법 이유차별

8. 依法出生分 의법출생분

須菩提 於意云何 若人 滿三千大千世界七寶 以用布施
수보리 어의운하 약인 만삼천대천세계칠보 이용보시

是人 所得福德 寧爲多不 須菩提言 甚多 世尊 何以故 是
시인 소득복덕 영위다부 수보리언 심다 세존 하이고 시

福德 卽非福德性 是故 如來 說福德多若復有人 於此經
복덕 즉비복덕성 시고 여래 설복덕다약부유인 어차경

中 受持乃至 四句偈等 爲他人說 其福勝彼 何以故 須菩
중 수지내지 사구게등 위타인설 기복승피 하이고 수보

提 一切諸佛 及諸佛阿耨多羅三藐三菩提法 皆從此經出
리 일체제불 급제불아뇩다라삼막삼보리법 개종차경출

須菩提 所謂 佛法者 即非佛法
수보리 소위 불법자 즉비불법

9. 一相無相分 일상무상분

須菩提 於意云何 須陀洹 能作是念 我得須陀洹果不 須
수보리 어의운하 수다원 능작시념 아득수다원과부 수

菩提言 不也 世尊 何以故 須陀洹 名爲入流 而無所入 不
보리언 불야 세존 하이고 수다원 명위입류 이무소입 불

入色聲香味觸法 是名須陀洹 須菩提 於意云何 斯陀含
입색성향미촉법 시명수다원 수보리 어의운하 사다함

能作是念 我得斯陀含果不 須菩提言 不也 世尊 何以故
능작시념 아득사다함과부 수보리언 불야 세존 하이고

斯陀含 名一往來 而實無往來 是名斯陀含 須菩提 於意
사다함 명일왕래 이실무왕래 시명사다함 수보리 어의

云何 阿那含 能作是念 我得阿那含果不 須菩提言 不也
운하 아나함 능작시념 아득아나함과부 수보리언 불야

世尊 何以故 阿那含 名爲不來 而實無不來 是故 名阿那
세존 하이고 아나함 명위불래 이실무불래 시고 명아나

含 須菩提 於意云何 阿羅漢 能作是念 我得阿羅漢道不
함 수보리 어의운하 아라한 능작시념 아득아라한도부

須菩提言 不也 世尊 何以故 實無有法 名阿羅漢 世尊 若
수보리언 불야 세존 하이고 실무유법 명아라한 세존 약

阿羅漢 作是念 我得阿羅漢道 卽爲着我人衆生壽者 世尊
아라한 작시념 아득아라한도 즉위착아인중생수자 세존

佛說 我得無諍三昧 人中最爲第一 是第一離欲阿羅漢
불설 아득무쟁삼매 인중최위제일 시제일이욕아라한

世尊 我 不作是念 我是離欲阿羅漢 世尊 我 若作是念 我
세존 아 부작시념 아시이욕아라한 세존 아 약작시념 아

得阿羅漢道 世尊 則不說 須菩提 是樂阿蘭那行者 以須
득아라한도 세존 즉불설 수보리 시요아란나행자 이수

菩提 實無所行 而名須菩提 是樂阿蘭那行
보리 실무소행 이명수보리 시요아란나행

10. 莊嚴淨土分 장엄정토분

佛告 須菩提 於意云何 如來 昔在燃燈佛所 於法 有所得不
불고 수보리 어의운하 여래 석재연등불소 어법 유소득부

不也 世尊 如來 在燃燈佛所 於法實無所得 須菩提 於意云
불야 세존 여래 재연등불소 어법실무소득 수보리 어의운

何 菩薩 莊嚴佛土不 不也 世尊 何以故 莊嚴佛土者 卽非莊
하 보살 장엄불토부 불야 세존 하이고 장엄불토자 즉비장

嚴 是名莊嚴 是故 須菩提 諸菩薩摩訶薩 應如是生淸淨心
엄 시명장엄 시고 수보리 제보살마하살 응여시생청정심

不應住色生心 不應住聲香味觸法生心 應無所住而生其
불응주색생심　불응주성향미촉법생심　응무소주이생기

心 須菩提 譬如有人 身如須彌山王 於意云何 是身爲大不
심　수보리　비여유인　신여수미산왕　어의운하　시신위대부

須菩提言 甚大 世尊 何以故 佛說非身 是名大身
수보리언　심대　세존　하이고　불설비신　시명대신

11. 無爲福勝分 무위복승분

須菩提 如恒河中 所有沙數 如是沙等恒河 於意云何 是諸
수보리　여항하중　소유사수　여시사등항하　어의운하　시제

恒河沙 寧爲多不 須菩提言 甚多 世尊 但諸恒河 尙多無數
항하사　영위다부　수보리언　심다　세존　단제항하　상다무수

何況其沙 須菩提 我今 實言 告汝 若有 善男子 善女人 以
하황기사　수보리　아금　실언　고여　약유　선남자　선여인　이

七寶滿 爾所恒河沙數 三千大千世界 以用布施 得福多不
칠보만　이소항하사수　삼천대천세계　이용보시　득복다부

須菩提言 甚多 世尊 佛告 須菩提 若善男子 善女人 於此經
수보리언　심다　세존　불고　수보리　약선남자　선여인　어차경

中 乃至受持 四句偈等 爲他人說 而此福德 勝前福德
중　내지수지　사구게등　위타인설　이차복덕　승전복덕

12. 尊重正教分 존중정교분

復次 須菩提 隨說是經 乃至 四句偈等 當知 此處 一切世
부차 수보리 수설시경 내지 사구게등 당지 차처 일체세

間 天人 阿修羅 皆應供養 如佛塔廟 何況 有人盡能 受持
간 천인 아수라 개응공양 여불탑묘 하황 유인진능 수지

讀誦 須菩提 當知 是人成就 最上第一 希有之法 若是經
독송 수보리 당지 시인성취 최상제일 희유지법 약시경

典 所在之處 則爲有佛 若尊重弟子
전 소재지처 즉위유불 약존중제자

13. 如法受持分 여법수지분

爾時 須菩提 白佛言 世尊 當 何名此經 我等 云何奉持 佛
이시 수보리 백불언 세존 당 하명차경 아등 운하봉지 불

告 須菩提 是經名爲 金剛般若波羅蜜 以是名字 汝當奉
고 수보리 시경명위 금강반야바라밀 이시명자 여당봉

持 所以者何 須菩提 佛說般若波羅蜜 卽非般若波羅蜜
지 소이자하 수보리 불설반야바라밀 즉비반야바라밀

是名般若波羅蜜 須菩提 於意云何 如來有所說法不 須菩
시명반야바라밀 수보리 어의운하 여래유소설법부 수보

提 白佛言 世尊 如來 無所說 須菩提 於意云何 三千大千
리 백불언 세존 여래 무소설 수보리 어의운하 삼천대천

世界 所有微塵 是爲多不 須菩提言 甚多 世尊 須菩提 諸
세계 소유미진 시위다부 수보리언 심다 세존 수보리 제

微塵 如來說 非微塵 是名微塵 如來說 世界 非世界 是名
미진 여래설 비미진 시명미진 여래설 세계 비세계 시명

世界 須菩提 於意云何 可以三十二相 見如來不 不也 世
세계 수보리 어의운하 가이삼십이상 견여래부 불야 세

尊 不可 以三十二相 得見如來 何以故 如來說 三十二相
존 불가 이삼십이상 득견여래 하이고 여래설 삼십이상

卽是非相 是名三十二相 須菩提 若有善男子 善女人 以
즉시비상 시명삼십이상 수보리 약유선남자 선여인 이

恒河沙等 身命布施 若復有人 於此經中 乃至 受持四句
항하사등 신명보시 약부유인 어차경중 내지 수지사구

偈等 爲他人說 其福甚多
게등 위타인설 기복심다

14. 離相寂滅分 이상적멸분

爾時 須菩提 聞說是經 深解義趣 涕淚悲泣 而白佛言 希
이시 수보리 문설시경 심해의취 체루비읍 이백불언 희

有 世尊 佛說 如是 甚深經典 我從昔來 所得慧眼 未曾得
유 세존 불설 여시 심심경전 아종석래 소득혜안 미증득

聞 如是之經 世尊 若復有人 得聞是經 信心淸淨 則生實
문 여시지경 세존 약부유인 득문시경 신심청정 즉생실

相 當知 是人成就 第一希有功德 世尊 是實相者 則是非
상 당지 시인성취 제일희유공덕 세존 시실상자 즉시비

相 是故 如來說 名實相 世尊 我今得聞 如是經典 信解受
상 시고 여래설 명실상 세존 아금득문 여시경전 신해수

持 不足爲難 若當來世 後五百歲 其有衆生 得聞是經 信
지 부족위난 약당래세 후오백세 기유중생 득문시경 신

解受持 是人 則爲第一希有 何以故 此人 無我相 無人相
해수지 시인 즉위제일희유 하이고 차인 무아상 무인상

無衆生相 無壽者相 所以者何 我相 卽是非相 人相 衆生
무중생상 무수자상 소이자하 아상 즉시비상 인상 중생

相 壽者相 卽是非相 何以故 離一切諸相 則名諸佛 佛告
상 수자상 즉시비상 하이고 이일체제상 즉명제불 불고

須菩提 如是如是 若復有人 得聞是經 不驚 不怖 不畏 當
수보리 여시여시 약부유인 득문시경 불경 불포 불외 당

知 是人 甚爲希有 何以故 須菩提 如來說 第一波羅蜜 則
지 시인 심위희유 하이고 수보리 여래설 제일바라밀 즉

非第一波羅蜜 是名第一波羅蜜 須菩提 忍辱波羅蜜 如來
비제일바라밀 시명제일바라밀 수보리 인욕바라밀 여래

說 非忍辱波羅蜜 是名忍辱波羅蜜 何以故 須菩提 如我
설 비인욕바라밀 시명인욕바라밀 하이고 수보리 여아

昔爲歌利王 割截身體 我於爾時 無我相 無人相 無衆生
석위가리왕 할절신체 아어이시 무아상 무인상 무중생

相 無壽者相 何以故 我於往昔 節節支解時 若有 我相 人
상 무수자상 하이고 아어왕석 절절지해시 약유 아상 인

相 衆生相 壽者相 應生嗔恨 須菩提 又念過去 於五百世
상 중생상 수자상 응생진한 수보리 우념과거 어오백세

作忍辱仙人 於爾所世 無我相 無人相 無衆生相 無壽者
작인욕선인 어이소세 무아상 무인상 무중생상 무수자

相 是故 須菩提 菩薩 應離一切相 發阿耨多羅三藐三菩
상 시고 수보리 보살 응리일체상 발아뇩다라삼먁삼보

提心 不應住色生心 不應住聲香味觸法生心 應生無所住
리심 불응주색생심 불응주성향미촉법생심 응생무소주

心 若心有住 則爲非住 是故 佛說 菩薩 心不應住色布施
심 약심유주 즉위비주 시고 불설 보살 심불응주색보시

須菩提 菩薩 爲利益一切衆生 應如是布施 如來說 一切
수보리 보살 위이익일체중생 응여시보시 여래설 일체

諸相 卽是非相 又說 一切衆生 卽非衆生 須菩提 如來 是
제상 즉시비상 우설 일체중생 즉비중생 수보리 여래 시

眞語者 實語者 如語者 不誑語者 不異語者 須菩提 如來
진어자 실어자 여어자 불광어자 불이어자 수보리 여래

所得法 此法 無實無虛 須菩提 若菩薩 心住於法 而行布
소득법 차법 무실무허 수보리 약보살 심주어법 이행보

施 如人入闇 則無所見 若菩薩 心不住法而行布施 如人
시 여인입암 즉무소견 약보살 심부주법이행보시 여인

有目 日光明照 見種種色 須菩提 當來之世 若有 善男子
유목 일광명조 견종종색 수보리 당래지세 약유 선남자

善女人 能於此經 受持讀誦 則爲如來 以佛智慧 悉知是
선여인 능어차경 수지독송 즉위여래 이불지혜 실지시

人 悉見是人 皆得成就 無量無邊功德
인 실견시인 개득성취 무량무변공덕

15. 持經功德分 지경공덕분

須菩提 若有善男子 善女人 初日分 以恒河沙 等身布施 中
수보리 약유선남자 선여인 초일분 이항하사 등신보시 중

日分 復以恒河沙 等身布施 後日分 亦以恒河沙 等身布施
일분 부이항하사 등신보시 후일분 역이항하사 등신보시

如是 無量百千萬億劫 以身布施 若復有人 聞此經典 信心
여시 무량백천만억겁 이신보시 약부유인 문차경전 신심

不逆 其福勝彼 何況 書寫受持讀誦 爲人解說 須菩提 以要
불역 기복승피 하황 서사수지독송 위인해설 수보리 이요

言之 是經 有不可思議 不可稱量 無邊功德 如來 爲發大乘
언지 시경 유불가사의 불가칭량 무변공덕 여래 위발대승

者說 爲發最上乘者說 若有人 能受持讀誦 廣爲人說 如來
자설 위발최상승자설 약유인 능수지독송 광위인설 여래

悉知是人 悉見是人 皆得成就 不可量 不可稱 無有邊 不可
실지시인 실견시인 개득성취 불가량 불가칭 무유변 불가

思議功德 如是人等 則爲荷擔 如來阿耨多羅三藐三菩提
사의공덕 여시인등 즉위하담 여래아뇩다라삼먁삼보리

何以故 須菩提 若樂小法者 着我見 人見 衆生見 壽者見 則
하이고 수보리 약요소법자 착아견 인견 중생견 수자견 즉

於此經 不能 聽受讀誦 爲人解說 須菩提 在在處處 若有此
어차경 불능 청수독송 위인해설 수보리 재재처처 약유차

經 一切世間 天人 阿修羅 所應供養 當知 此處 則爲是塔
경 일체세간 천인 아수라 소응공양 당지 차처 즉위시탑

皆應恭敬 作禮圍遶 以諸華香 而散其處
개응공경 작례위요 이제화향 이산기처

16. 能淨業障分 능정업장분

復次 須菩提 善男子 善女人 受持讀誦 此經 若爲人輕賤
부차 수보리 선남자 선여인 수지독송 차경 약위인경천

是人 先世罪業 應墮惡道 以今世人輕賤故 先世罪業 則
시인 선세죄업 응타악도 이금세인경천고 선세죄업 즉

爲消滅 當得阿耨多羅三藐三菩提 須菩提 我念過去 無量
위소멸 당득아뇩다라삼막삼보리 수보리 아념과거 무량

阿僧祇劫 於燃燈佛前 得值 八百四千萬億 那由他諸佛
아승지겁 어연등불전 득치 팔백사천만억 나유타제불

悉皆供養 承事無空過者 若復有人 於後末世 能受持讀誦
실개공양 승사무공과자 약부유인 어후말세 능수지독송

此經 所得功德 於我所供養 諸佛功德 百分不及一 千萬
차경 소득공덕 어아소공양 제불공덕 백분불급일 천만

億分 乃至 算數譬喩 所不能及 須菩提 若善男子 善女人
억분 내지 산수비유 소불능급 수보리 약선남자 선여인

於後末世 有受持讀誦 此經所得功德 我若具說者 或有人
어후말세 유수지독송 차경소득공덕 아약구설자 혹유인

聞 心則狂亂 狐疑不信 須菩提 當知 是經義 不可思議 果
문 심즉광란 호의불신 수보리 당지 시경의 불가사의 과

報 亦不可思議
보 역불가사의

17. 究竟無我分 구경무아분

爾時 須菩提 白佛言 世尊 善男子 善女人 發阿耨多羅三
이시 수보리 백불언 세존 선남자 선여인 발아뇩다라삼

藐三 菩提心 云何應住 云何降伏其心 佛告 須菩提 若善
먁삼 보리심 운하응주 운하항복기심 불고 수보리 약선

男子 善女人 發阿耨多羅三藐三菩提心者 當生如是心 我
남자 선여인 발아뇩다라삼먁삼보리심자 당생여시심 아

應滅度 一切衆生 滅度一切衆生已 而無有一衆生 實滅度
응멸도 일체중생 멸도일체중생이 이무유일중생 실멸도

者 何以故 須菩提 若菩薩 有我相 人相 衆生相 壽者相 則
자 하이고 수보리 약보살 유아상 인상 중생상 수자상 즉

非菩薩 所以者何 須菩提 實無有法 發阿耨多羅三藐三菩
비보살 소이자하 수보리 실무유법 발아뇩다라삼먁삼보

提心者 須菩提 於意云何 如來 於燃燈佛所 有法 得阿耨
리심자 수보리 어의운하 여래 어연등불소 유법 득아뇩

多羅三藐三菩提不 不也 世尊 如我解 佛所說義 佛 於燃
다라삼먁삼보리부 불야 세존 여아해 불소설의 불 어연

燈佛所 無有法 得阿耨多羅三藐三菩提 佛言 如是如是須
등불소 무유법 득아뇩다라삼먁삼보리 불언 여시여시수

菩提 實無有法 如來 得阿耨多羅三藐三菩提 須菩提 若
보리 실무유법 여래 득아뇩다라삼먁삼보리 수보리 약

有法 如來 得阿耨多羅三藐三菩提者 燃燈佛 則不與我授
유법 여래 득아뇩다라삼먁삼보리자 연등불 즉불여아수

記 汝於來世 當得作佛 號釋迦牟尼 以實無有法 得阿耨
기 여어내세 당득작불 호석가모니 이실무유법 득아뇩

多羅三藐三菩提 是故 燃燈佛 與我授記 作是言 汝於來
다라삼먁삼보리 시고 연등불 여아수기 작시언 여어내

世 當得作佛 號釋迦牟尼 何以故 如來者 即諸法如義 若
세 당득작불 호석가모니 하이고 여래자 즉제법여의 약

有人言 如來 得阿耨多羅三藐三菩提 須菩提 實無有法
유인언 여래 득아뇩다라삼먁삼보리 수보리 실무유법

佛得阿耨多羅三藐三菩提 須菩提 如來所得 阿耨多羅三
불득아뇩다라삼먁삼보리 수보리 여래소득 아뇩다라삼

藐三菩提 於是中 無實無虛 是故 如來 說一切法 皆是佛
먁삼보리 어시중 무실무허 시고 여래 설일체법 개시불

法 須菩提 所言一切法者 即非一切法 是故 名一切法 須
법 수보리 소언일체법자 즉비일체법 시고 명일체법 수

菩提 譬如人身長大 須菩提言 世尊 如來說 人身長大 即
보리 비여인신장대 수보리언 세존 여래설 인신장대 즉

爲非大身 是名大身 須菩提 菩薩 亦如是 若作是言 我當
위비대신 시명대신 수보리 보살 역여시 약작시언 아당

滅度 無量衆生 則不名菩薩 何以故 須菩提 實無有法 名
멸도 무량중생 즉불명보살 하이고 수보리 실무유법 명

爲菩薩 是故 佛說一切法 無我 無人 無衆生 無壽者 須菩
위보살 시고 불설일체법 무아 무인 무중생 무수자 수보

提 若菩薩 作是言 我當 莊嚴佛土 是不名菩薩 何以故 如
리 약보살 작시언 아당 장엄불토 시불명보살 하이고 여

來說 莊嚴佛土者 卽非莊嚴 是名莊嚴 須菩提 若菩薩 通
래설 장엄불토자 즉비장엄 시명장엄 수보리 약보살 통

達無我法者 如來說名 眞是菩薩
달무아법자 여래설명 진시보살

18. 一體同觀分 일체동관분

須菩提 於意云何 如來 有肉眼不 如是 世尊 如來 有肉眼
수보리 어의운하 여래 유육안부 여시 세존 여래 유육안

須菩提 於意云何 如來 有天眼不 如是 世尊 如來 有天眼
수보리 어의운하 여래 유천안부 여시 세존 여래 유천안

須菩提 於意云何 如來 有慧眼不 如是 世尊 如來 有慧眼
수보리 어의운하 여래 유혜안부 여시 세존 여래 유혜안

須菩提 於意云何 如來 有法眼不 如是 世尊 如來 有法眼
수보리 어의운하 여래 유법안부 여.시 세존 여래 유법안

須菩提 於意云何 如來 有佛眼不 如是 世尊 如來 有佛眼
수보리 어의운하 여래 유불안부 여시 세존 여래 유불안

須菩提 於意云何 如恒河中所有沙 佛說 是沙不 如是 世尊
수보리 어의운하 여항하중소유사 불설 시사부 여시 세존

如來說 是沙 須菩提 於意云何 如一恒河中 所有沙有 如是
여래설 시사 수보리 어의운하 여일항하중 소유사유 여시

沙等恒河 是諸恒河 所有沙數 佛世界 如是 寧爲多不 甚多
사등항하 시제항하 소유사수 불세계 여시 영위다부 심다

世尊 佛告 須菩提 爾所國土中 所有衆生 若干種心 如來悉
세존 불고 수보리 이소국토중 소유중생 약간종심 여래실

知 何以故 如來說 諸心 皆爲非心 是名爲心 所以者何 須菩
지 하이고 여래설 제심 개위비심 시명위심 소이자하 수보

提 過去心不可得 現在心不可得 未來心不可得
리 과거심불가득 현재심불가득 미래심불가득

19. 法界通化分 법계통화분

須菩提 於意云何 若有人 滿三千大千世界七寶 以用布施
수보리 어의운하 약유인 만삼천대천세계칠보 이용보시

是人 以是因緣 得福多不 如是 世尊 此人 以是因緣 得福
시인 이시인연 득복다부 여시 세존 차인 이시인연 득복

甚多 須菩提 若福德有實 如來 不說 得福德多 以福德 無
심다 수보리 약복덕유실 여래 불설 득복덕다 이복덕 무

故 如來說 得福德多
고 여래설 득복덕다

20. 離色離相分 이색이상분

須菩提 於意云何 佛 可以具足色身 見不 不也 世尊 如來
수보리 어의운하 불 가이구족색신 견부 불야 세존 여래

不應 以具足色身 見 何以故 如來說 具足色身 卽非具足
불응 이구족색신 견 하이고 여래설 구족색신 즉비구족

色身 是名具足色身 須菩提 於意云何 如來 可以具足諸
색신 시명구족색신 수보리 어의운하 여래 가이구족제

相 見不 不也 世尊 如來 不應 以具足諸相 見 何以故 如來
상 견부 불야 세존 여래 불응 이구족제상 견 하이고 여래

說 諸相具足 卽非具足 是名諸相具足
설 제상구족 즉비구족 시명제상구족

21. 非說所說分 비설소설분

須菩提 汝 勿謂 如來 作是念 我當 有所說法 莫作是念 何
수보리 여 물위 여래 작시념 아당 유소설법 막작시념 하

以故 若人言 如來 有所說法 則爲謗佛 不能解我所說故
이고 약인언 여래 유소설법 즉위방불 불능해아소설고

須菩提 說法者 無法可說 是名說法 爾時 慧命須菩提 白
수보리 설법자 무법가설 시명설법 이시 혜명수보리 백

佛言 世尊 頗有衆生 於未來世 聞說是法 生信心不 佛言
불언 세존 파유중생 어미래세 문설시법 생신심부 불언

須菩提 彼非衆生 非不衆生 何以故 須菩提 衆生衆生者
수보리 피비중생 비불중생 하이고 수보리 중생중생자

如來 說非衆生 是名衆生
여래 설비중생 시명중생

22. 無法可得分 무법가득분

須菩提 白佛言 世尊 佛得 阿耨多羅三藐三菩提 爲無所
수보리 백불언 세존 불득 아뇩다라삼먁삼보리 위무소

得耶 佛言 如是 如是 須菩提 我 於阿耨多羅三藐三菩提
득야 불언 여시 여시 수보리 아 어아뇩다라삼먁삼보리

乃至 無有少法可得 是名阿耨多羅三藐三菩提
내지 무유소법가득 시명아뇩다라삼먁삼보리

23. 淨心行善分 정심행선분

復次 須菩提 是法平等 無有高下 是名阿耨多羅三藐三菩
부차 수보리 시법평등 무유고하 시명아뇩다라삼먁삼보

提 以無我 無人 無衆生 無壽者 修一切善法 則得阿耨多
리 이무아 무인 무중생 무수자 수일체선법 즉득아뇩다

羅三藐三菩提 須菩提 所言善法者 如來說 卽非善法 是
라삼먁삼보리 수보리 소언선법자 여래설 즉비선법 시

名善法
명선법

24. 福智無比分 복지무비분

須菩提 若三千大千世界中 所有 諸須彌山王 如是等 七
수보리 약삼천대천세계중 소유 제수미산왕 여시등 칠

寶聚 有人 持用布施 若人 以此般若波羅蜜經 乃至 四句
보취 유인 지용보시 약인 이차반야바라밀경 내지 사구

偈等 受持讀誦 爲他人說 於前福德 百分不及一 百千萬
게등 수지독송 위타인설 어전복덕 백분불급일 백천만

億分 乃至 算數 譬喩 所不能及
억분 내지 산수 비유 소불능급

25. 化無所化分 화무소화분

須菩提 於意云何 汝等 勿謂 如來 作是念 我當度衆生 須
수보리 어의운하 여등 물위 여래 작시념 아당도중생 수

菩提 莫作是念 何以故 實無有衆生 如來度者 若有衆生
보리 막작시념 하이고 실무유중생 여래도자 약유중생

如來度者 如來 則有我人衆生壽者 須菩提 如來說 有我
여래도자 여래 즉유아인중생수자 수보리 여래설 유아

者 卽非有我 而凡夫之人 以爲有我 須菩提 凡夫者 如來
자 즉비유아 이범부지인 이위유아 수보리 범부자 여래

說 卽非凡夫 是名凡夫
설 즉비범부 시명범부

26. 法身非相分 법신비상분

須菩提 於意云何 可以三十二相 觀如來不 須菩提言 如是
수보리 어의운하 가이삼십이상 관여래부 수보리언 여시

如是 以三十二相 觀如來 佛言須菩提 若以三十二相 觀如
여시 이삼십이상 관여래 불언수보리 약이삼십이상 관여

來者 轉輪聖王 則是如來 須菩提 白佛言 世尊 如我解 佛所
래자 전륜성왕 즉시여래 수보리 백불언 세존 여아해 불소

說義 不應 以三十二相 觀如來 爾時 世尊 而說偈言
설의 불응 이삼십이상 관여래 이시 세존 이설게언

　　若以色見我 以音聲求我
　　약이색견아 이음성구아

　　是人行邪道 不能見如來
　　시인행사도 불능견여래

27. 無斷無滅分 무단무멸분

須菩提 汝 若作是念 如來 不以具足相故 得阿耨多羅三
수보리 여 약작시념 여래 불이구족상고 득아뇩다라삼

藐三菩提 須菩提 莫作是念 如來 不以具足相故 得阿耨
먁삼보리 수보리 막작시념 여래 불이구족상고 득아뇩

多羅三藐三菩提 須菩提 汝 若作是念 發阿耨多羅三藐三
다라삼먁삼보리 수보리 여 약작시념 발아뇩다라삼먁삼

菩提心者 說 諸法斷滅 莫作是念 何以故 發阿耨多羅三
보리심자 설 제법단멸 막작시념 하이고 발아뇩다라삼

藐三菩提心者 於法 不說 斷滅相
먁삼보리심자 어법 불설 단멸상

28. 不受不貪分 불수불탐분

須菩提 若菩薩 以滿恒河沙等 世界七寶 持用布施 若復
수보리 약보살 이만항하사등 세계칠보 지용보시 약부

有人 知一切法 無我 得成於忍 此菩薩 勝前菩薩 所得功
유인 지일체법 무아 득성어인 차보살 승전보살 소득공

德 何以故 須菩提 以諸菩薩 不受福德故 須菩提 白佛言
덕 하이고 수보리 이제보살 불수복덕고 수보리 백불언

世尊 云何菩薩 不受福德 須菩提 菩薩 所作福德 不應貪
세존 운하보살 불수복덕 수보리 보살 소작복덕 불응탐

着 是故 說 不受福德
착 시고 설 불수복덕

29. 威儀寂靜分 위의적정분

須菩提 若有人言 如來 若來 若去 若坐 若臥 是人不解 我
수보리 약유인언 여래 약래 약거 약좌 약와 시인불해 아

所說義 何以故 如來者 無所從來 亦無所去 故名如來
소설의 하이고 여래자 무소종래 역무소거 고명여래

30. 一合理相分 일합이상분

須菩提 若善男子 善女人 以三千大千世界 碎爲微塵 於
수보리 약선남자 선여인 이삼천대천세계 쇄위미진 어

意云何 是微塵衆 寧爲多不 須菩提言 甚多 世尊 何以故
의운하 시미진중 영위다부 수보리언 심다 세존 하이고

若是微塵衆 實有者 佛則不說 是微塵衆 所以者何 佛說
약시미진중 실유자 불즉불설 시미진중 소이자하 불설

微塵衆 卽非微塵衆 是名微塵衆 世尊 如來所說 三千大
미진중 즉비미진중 시명미진중 세존 여래소설 삼천대

千世界 卽非世界 是名世界 何以故 若世界 實有者 則是
천세계 즉비세계 시명세계 하이고 약세계 실유자 즉시

一合相 如來說 一合相 卽非一合相 是名一合相 須菩提
일합상 여래설 일합상 즉비일합상 시명일합상 수보리

一合相者 則是不可說 但凡夫之人 貪着其事
일합상자 즉시불가설 단범부지인 탐착기사

31. 知見不生分 지견불생분

須菩提 若人言 佛說 我見 人見 衆生見 壽者見 須菩提 於
수보리 약인언 불설 아견 인견 중생견 수자견 수보리 어

意云何 是人 解我所說義不 不也 世尊 是人 不解 如來所
의운하 시인 해아소설의부 불야 세존 시인 불해 여래소

說義 何以故 世尊說 我見 人見 衆生見 壽者見 卽非我見
설의 하이고 세존설 아견 인견 중생견 수자견 즉비아견

人見 衆生見 壽者見 是名我見 人見 衆生見 壽者見 須菩
인견 중생견 수자견 시명아견 인견 중생견 수자견 수보

提 發阿耨多羅三藐三菩提心者 於一切法 應如是知 如是
리 발아뇩다라삼먁삼보리심자 어일체법 응여시지 여시

見 如是信解 不生法相 須菩提 所言法相者 如來說 卽非
견 여시신해 불생법상 수보리 소언법상자 여래설 즉비

法相 是名法相
법상 시명법상

32. 應化非眞分 응화비진분

須菩提 若有人 以滿無量阿僧祗 世界七寶 持用布施 若
수보리 약유인 이만무량아승지 세계칠보 지용보시 약

有善男子 善女人 發菩薩心者 持於此經 乃至 四句偈等
유선남자 선여인 발보살심자 지어차경 내지 사구게등

受持讀誦 爲人演說 其福勝彼 云何 爲人演說 不取於相
수지독송 위인연설 기복승피 운하 위인연설 불취어상

如如不動 何以故
여여부동 하이고

　一切有爲法 如夢幻泡影
　일체유위법 여몽환포영

　如露亦如電 應作如是觀
　여로역여전 응작여시관

佛說是經已 長老須菩提 及諸比丘 比丘尼 優婆塞 優婆
불설시경이 장로수보리 급제비구 비구니 우바새 우바

夷 一切世間 天人 阿修羅 聞佛所說 皆大歡喜 信受奉行
이 일체세간 천인 아수라 문불소설 개대환희 신수봉행

부록

曹溪六祖禪師序

夫金剛經者 無相 爲宗하고 無住 爲體하며 妙有 爲用이라. 自從達磨西
來 爲傳此經之義하여 令人 悟理見性케하시니라.

祇爲世人 不見自性일새 是以로 立見性之法이지 世人이 若了見眞如本
體이면 卽不假立法하리라. 此經 讀誦者 無數하고 稱讚者 無邊하며 造疏
及註解 凡八百餘家이니 所說道理 各隨所見이어 見雖不同이더라도 法
卽無二니라. 宿植上根者 一聞便了이나 若無宿慧라면 讀誦雖多라도 不
悟佛意니라. 故로 解釋其義하여 遮斷學者疑心하노니 若於此經에 得旨
無疑하면 卽不假解說하리라.

從上如來 所說善法은 爲除凡夫不善之心이라. 經是聖人之語이니 敎
人聞之하고 從凡悟聖하여 永息迷心케하니라. 此一卷經은 衆生性中에 本
有인데 不自見者 但讀誦文字하니라. 若悟本心하면 始知此經 不在文字
리라. 但能明了自性하면 方信一切諸佛 從此經出하리라.

今恐世人 身外覓佛하고 向外求經하니 不發內心이어 不持內經이라. 故
로 造此訣하여 令諸學者 持內心經하고 了然 自見 淸淨佛心 過於數量
不可思議케하니라. 後之學者 讀經 有疑일때 見此解義하고 疑心 釋然하면
更不用訣하리라. 所冀 學者 同見鑛中金性하고 以智慧火로 鎔煉하여 鑛

去金存이니라.

我釋迦本師 說金剛經할때 在舍衛國이라. 因須菩提起問으로 大悲爲
說하니 須菩提 聞說得悟하여 請佛 與法安名하여 令後人이 依而受持케하
니라. 故로 經에 云하되 佛 告須菩提하기를 是經은 名爲金剛般若波羅蜜이
라하니 以是名字로 汝當奉持하라.

如來所說金剛般若波羅蜜 與法爲名한 其意는 謂何오. 以金剛世界
之寶로 其性이 猛利하여 能壞諸物이라. 金雖至堅하더라도 羖羊角이 能
壞할새 金剛은 喩佛性이요 羖羊角은 喩煩惱니라. 金雖堅剛이더라도 羖羊
角이 能碎하듯 佛性이 雖堅이더라도 煩惱能亂하니라. 煩惱雖堅이더라도 般
若智로 能破하고 羖羊角이 雖堅이더라도 賓鐵이 能壞하니 悟此理者 了
然見性하리라.

涅槃經에 云하되 見佛性者 不名衆生하고 不見佛性은 是名衆生이라. 如
來所說金剛喩者 祗爲世人 性無堅固이어 口雖誦經이더라도 光明不生
이니 外誦內行하여야 光明齊等이니라. 內無堅固이면 定慧卽亡하니 口誦心
行하여야 定慧均等이어 是名究竟이니라.

金在山中이나 山不知是寶하고 寶亦不知是山이니 何以故오 爲無性故
이니라. 人則 有性이어 取其寶用이라. 得遇金師하여 斬鑿山破 取鑛烹鍊
하여 遂成精金하니 隨意使用하며 得免貧苦라. 四大身中 佛性도 亦爾라.
身은 喩世界하고 人我는 喩山하며 煩惱는 喩鑛하고 佛性은 喩金하며 智慧는
喩工匠하고 精進勇猛은 喩斬鑿하니라.

身世界中에 有人我山하고 人我山中에 有煩惱鑛하며 煩惱鑛中에 有佛

性寶하고 佛性寶中에 有智慧工匠이라. 用智慧工匠으로 鑿破人我山하여 見煩惱鑛하고 以覺悟火로 烹鍊하여 見自金剛佛性이어 了然明淨이라. 是故로 以金剛爲喩하여 因爲之名也니라. 空解로 不行하면 有名이나 無體요 解義修行하면 名體俱備니라. 不修하면 卽凡夫요 修하면 卽同聖智이니 故로 名金剛也라

何名般若오. 是梵語인데 唐言에 智慧라. 智者 不起愚心이요 慧者 有其方便이라. 慧是智體요 智是慧用이니라. 體若有慧면 用智 不愚이나 體若無慧면 用愚 無智니라. 秖緣愚癡 未悟이니 遂假智慧除之也이니라.

何名波羅蜜이오. 唐言에 到彼岸이니 到彼岸者 離生滅義라. 秖緣世人 性無堅固일새 於一切法上 有生滅相이어 流浪諸趣하여 未到眞如之地할새 並是此岸이라. 要具大智慧하여 於一切法에 圓離生滅하면 卽是到彼岸이니라. 亦云 心迷則 此岸이요 心悟則 彼岸이며 心邪則 此岸이요 心正則 彼岸이니라하니 口說心行하면 卽自法身에 有波羅蜜이요 口說心不行하면 卽無波羅蜜也니라.

何名爲經이오. 經者 徑也니 是成佛之道路라. 凡人 欲臻斯路이면 應內修般若行이어야 以至究竟이라. 如或但能誦說하며 心不依行하면 自心에 卽無經이라. 實見實行하면 自心에 卽有經故로 此經을 如來께서 號爲金剛般若波羅蜜也라하시니라

六祖口訣

法性은 圓寂이어 本無生滅인데 因有生念이어 遂有生緣이라. 故로 天得命
之以生이라하여 是故 謂之命이나 天命이 旣立에 眞空이 不有니라. 前日生
念 轉而爲意識하고 意識之用 散而爲六根이라. 六根이 各有分別이고 中
有所總持者이니 是故 謂之心이니라. 心者 念慮之所在也요 神識之所
舍也며 眞妄之所共處者也요 當凡夫聖賢機會之地也니라.

　一切衆生이 自無始來 不能離生滅者는 皆爲此心所累일새니라. 故로
諸佛이 惟敎人了此心이니 此心了이면 卽見自性하고 見自性 則是菩提
也니라. 此在性時 皆自空寂이어 而湛然若無라가 緣有生念而後에 有者
也라. 有生 則有形하고 形者란 地水火風之聚沫也니라 以血氣로 爲體니
有生者之所託也라. 血氣足 則精足하고 精足 則生神하며 神足에 生妙
用하니라. 然則 妙用者 卽在吾圓寂時之眞我也니라.

因形之遇物故로 見之於作爲而已인데 但凡夫는 迷而逐物하고 聖賢은
明而應物이니라. 逐物者는 自彼요 應物者는 自我니라. 自彼者 着於所見
이니 故로 受輪廻하고 自我者 當體常空이어 萬劫如一이니 合而觀之면 皆
心之妙用也니라.

是故로 當其未生之時하여 所謂性者가 圓滿具足하여 空然無物하고 湛

乎自然하며 其廣大가 與處空等하여 往來變化에 一切自由니 天雖欲命
我以生이나 其可得乎아 天猶不能命我以生이인데 況於四大乎며 況於
五行乎아

旣有生念이어 又 有生緣이니 故로 天得以生命我하고 四大는 得以氣形
我하며 五行은 得以數約我하니 此는 有生者之所以有滅也니라.

然乎 生滅則一이더라도 在凡夫聖賢之所以生滅則殊니라. 凡夫之人
은 生緣念有하고 識隨業變하니 習氣薰染 因生愈甚이어 故로 旣生之
後에 心着諸妄이라. 妄認四大하여 以爲我身하고 妄認六親하여 以爲我
有하며 妄認聲色하여 以爲快樂하고 妄認塵勞하여 以爲富貴라. 心目知
見이 無所不妄이니 諸妄旣起에 煩惱萬差니라. 妄念이 奪眞하여 眞性이
邃隱하니 人我爲主하고 眞識爲客이라. 三業前引하여 百業後隨하니 流
浪生死에 無有涯際니라. 生盡則滅하고 滅盡復生하니 生滅相尋에 至
墮諸趣라. 轉轉不知일새 愈恣無明하여 造諸業苦하니 遂至塵沙劫盡
不復人身이니라.

聖賢則不然이라. 聖賢은 生不因念이요 應迹而生이라. 欲生則生하니 不
待彼命이라. 故로 旣生之後에 圓寂之性이 依舊湛然이어 無體相無罣礙
니라. 其照萬法이 如靑天白日이어 無毫髮隱滯니라. 故로 能建立一切善
法하여 遍於沙界하니 不見其少하고 攝受一切衆生하여 歸於寂滅하니 不
以爲多니라. 驅之해도 不能來며 逐之해도 不能去라. 雖托四大爲形하고
五行爲養이더라도 皆我所假일뿐 未嘗妄認이니라. 我緣이 苟盡하면 我迹도
當滅이라. 委而去之 如來去耳니 於我에 何與哉아.

是故로 凡夫 有生則 有滅이고 滅者 不能不生이지만 賢聖은 有生亦有滅
이지만 滅者 歸於眞空이라. 是故로 凡夫生滅은 如身中影이어 出入相隨
無有盡時이지만 聖賢生滅은 如空中雷이어 自發自止하니 不累於物이라.
世人이 不知生滅之如此하고 而以生滅로 爲煩惱大患하니 蓋不自覺也
로다. 覺則 見生滅 如身上塵이어 當一振奮耳인데 何能累我性哉아.

昔我如來께서 以大慈悲心으로 憫 一切衆生이 迷錯顚倒에서 流浪生死
之如此니라. 又 見 一切衆生이 本有快樂自在性이어 皆可修證成佛이니
라. 欲一切衆生 盡爲聖賢生滅하고 不爲凡夫生滅이라. 猶慮 一切衆生
無始以來 流浪日久에 其種性이 已差하여 未能以一法으로 速悟일새 故로
爲說八萬四千法門하니라. 門門可入 皆可到眞如之地이고 每說一法
門 莫非丁寧實語라. 欲使一切衆生 各隨所見法門에서 入自心地 到
自心地하여 見自佛性하고 證自身佛하여 卽同如來케하시니라. 是故로 如來
가 於諸經에서 說有者는 欲使一切衆生 睹相生善케요 說無者는 欲使一
切衆生 離相見性케하니라. 所說色空도 亦復如是니라.

然而衆生執着은 見有非眞有요 見無非眞無라. 其見色見空도 皆如是
執着이니 復起斷常二見하여 轉爲生死根蔕하니 不示 以無二法門이면
又 將迷錯顚倒하여 流浪生死가 甚於前日이라. 故로 如來 又 爲說大般
若法하여 破斷常二見하고 使一切衆生 知 眞有眞無 眞色眞空이 本來
無二이고 亦不遠人케하니라.

湛然寂靜하여 只在自己性中이라. 但以自己性智慧로 照破諸妄則 曉
然自見이니라. 是故로 大般若經 六百卷은 皆 如來 爲菩薩果人하여 說佛

性이라. 然而其間 猶有爲頓漸者說이지만 惟金剛經은 爲發大乘者說
爲發最上乘者說이니라. 是故로 其經에서 先說四生四相하고 次云하되 凡
所有相 皆是虛妄이니 若見諸相非相하면 卽見如來니라. 蓋顯一切法
至無所住해야 是爲眞諦라. 故로 如來 於此經에서 凡說 涉有하면 卽破之
以非하고 直取實相하여 以示衆生하니라. 蓋恐 衆生이 不解佛所說하고 其
心이 反有所住故也니 如所謂佛法이 卽非佛法之類 是也니라.

찾아보기

육조 스님 금강경

금강경오가해설의

초판 발행 | 2010년 11월 25일
초판 2쇄 발행 | 2014년 3월 25일
펴낸이 | 열린마음
저자 | 원순

펴낸곳 | 도서출판 법공양
등록 | 1999년 2월 2일·제1-a2441
주소 | 110-170 서울시 종로구 수송동
두산위브파빌리온 836호
전화 | 02-734-9428
팩스 | 02-6008-7024
이메일 | dharmabooks@chol.com

ⓒ 원순, 2014
ISBN 978-89-89602-50-7
ISBN 978-89-89602-49-1 (전6권)

값 20,000원

부처님의 가르침을 올바르게 _ 도서출판 법공양